G ÜNTER N EIDINGER

Was tun mit Omas Zehner?

GÜNTER NEIDINGER

Was tun mit Omas Zehner?

Badische Kindheitsgeschichten aus den 50er-Jahren

SILBERBURG

1. Auflage 2020
© 2020 by Silberburg-Verlag GmbH,
Schweickhardtstraße 5a, D-72072 Tübingen.
Alle Rechte vorbehalten.

Umschlaggestaltung: Andrea Longerich,
César Satz & Grafik GmbH, Köln,
Coverfoto: © Archiv Silberburg-Verlag.
Satz und Layout: Sabine Düde,
César Satz & Grafik GmbH, Köln.
Lektorat: Gertrud Menczel, Böblingen.
Printed in Slovenia by Florjancic .

ISBN 978-3-8425-2233-6

Besuchen Sie uns im Internet und entdecken Sie
die Vielfalt unseres Verlagsprogramms:
www.silberburg.de

Ihre Meinung ist wichtig für unsere weitere
Verlagsarbeit. Senden Sie uns Ihre Kritik und
Anregungen an: **meinung@silberburg.de**

*Omas und Opas zu haben
ist für Kinder ein Geschenk.*

Dieses Buch ist allen Omas und Opas gewidmet.

Inhalt

Vorwort

Ohne die beiden Omas und den Opa – was wäre das für eine Kindheit gewesen? Gewiss eine um vieles ärmere. Nicht dass die Großeltern mit Reichtum gesegnet gewesen wären, das waren in den Jahren nach dem Zweiten Weltkrieg, in denen ich im badischen Städtchen Bühl mit fünf weiteren Geschwistern aufwuchs, die wenigsten Leute. Aber sie hatten Zeit für uns Kinder und konnten sich erlauben, was die meisten Omas und Opas auszeichnet: nicht so streng zu sein. Sie ließen manches durchgehen, was daheim undenkbar gewesen wäre.

Unsere Oma mütterlicherseits wohnte auf dem Hohbaum im ländlich geprägten Stadtteil Kappelwindeck. Sie hatte noch Landwirtschaft. Opa war bereits in jungen Jahren gestorben. Da war Oma erst 48 Jahre alt. Deshalb war es für unsere Familie selbstverständlich, dass wir Oma bei der Arbeit halfen. Auf einem Bauernhof war immer etwas los, für uns Kinder ein willkommener Abenteuerspielplatz! Für mich war es die schönste Belohnung, wenn ich bei Oma übernachten durfte. Mal ganz allein mit Oma eine Leberwurst oder ein Stück Speck aus der Räucherkammer vespern zu dürfen, war schon etwas Besonderes. Und abends, wenn Bettzeit war, schälte sie immer ein paar mehr oder weniger runzlige Äpfel als Betthupferl. »Oma-Äpfel«, wie wir sie heute noch nennen.

Oma lebte sehr bescheiden. Sie war es von Jugend auf gewohnt, wuchs sie doch mit zwölf weiteren Geschwistern auf.

Der Vater starb früh, zwei Brüder fielen im Ersten Weltkrieg. So war ihr ganzes Leben von Arbeit geprägt. Aber verbittert erlebten wir unsere Oma nie. Im Gegenteil, sie verbreitete stets Optimismus und Zuversicht.

In Omas bäuerlich geprägter Umgebung waren wir Kinder in allen Häusern zu Hause. Nirgends waren die Eingangstüren verschlossen, und elektrische Klingeln gab es auch keine. Man rief einfach »Hallo« und stolperte ins Haus. Schon war man drinnen bei s'Dollsteffes, s'Rappebertels, s'Kinnis, s'Schmolle, s'Dollenaze oder wie sie alle hießen. Und wenn die Leute gerade beim Essen saßen, setzte man sich einfach dazu und vesperte mit.

Unsere Großeltern väterlicherseits lebten in der Fünftälerstadt Schramberg im Schwarzwald. Opa war Kaufmann und in der Uhrenfabrik Junghans angestellt. Früh am Morgen ging er aus dem Haus in der Landenberger Straße, machte sich auf den langen Weg bis zum Fabrikgelände am anderen Ende der Stadt und kam erst spät am Abend zurück. Aber an den Sonntagen, wenn es nicht gerade »Katzen hagelte«, wie er immer sagte, war Wandern rund um Schramberg angesagt: Auf den Fohrenbühl zum »Lauble«, nach Aichhalden-Eselbach, auf den Sulgen zu den »Vier Häusern« und anderen Ausflugszielen. Ein Auto hatte Opa nicht. Also hieß es, kilometerweit alles zu Fuß zurückzulegen, höchstens mal ein Stück mit dem Bus.

In den Ferien durfte ich des Öfteren bei den Wanderungen mitmachen. Ich tat es gern, denn am Zielort kehrte Opa immer in einem Wirtshaus ein. Das kannte ich von daheim nicht. Für einen solchen Luxus reichte bei uns das Geld nicht.

Mit der Eisenbahn kam ich von Bühl aus angereist, bis Hausach mit dem Dampfzug der Schwarzwaldbahn, dann mit einem Dieseltriebwagen bis Schiltach und schließlich mit dem Dampfzügle zum Schramberger Bahnhof.

Oma hatte immer denselben Spruch auf den Lippen, wenn ich vor der Tür stand. »Ums tausig Gotts wille«, rief sie dann und klatschte dabei die Hände zusammen. Ein Fremder hätte bestimmt kehrtgemacht, aber ich kannte Oma und ihre Sprüche inzwischen und freute mich schon auf das gute Essen, mit dem sie mich dann jeden Tag verwöhnte.

Es waren immer besondere Tage im Jahr, wenn wir bei den Omas und dem Opa sein durften oder wenn sie uns besuchten. Sie spielten eine sehr wichtige Rolle in unserem Leben. Und das ist bei den meisten Kindern auch heute noch so. Was für ein Glück, dass es Omas und Opas gibt! Die Geschichten in diesem Buch sind ein Zeugnis dafür.

Sie spielen in Bühl, wo ich mit meinen fünf Geschwistern aufgewachsen bin und wo unsere Oma auf dem Hohbaum wohnte, in Schramberg, wo wir oft bei Oma und Opa in den Ferien waren, und in Neustadt im Schwarzwald, wo Opa aufgewachsen ist und mit seinen Lausbubenstreichen für Abwechslung gesorgt hat.

Aber die Geschichten könnten auch sonst überall spielen, wo es Omas und Opas gibt. Landauf, landab könnten die Enkelinnen und Enkel ähnliche Erlebnisse mit ihren Omas und Opas erzählen.

Bei Oma auf dem Hohbaum.

Bei Oma auf dem Hohbaum

Früher hatte Oma auf ihrem kleinen Bauernhof neben den Ziegen, Hühnern, Hasen, Katzen und dem Hofhund auch noch drei Kühe im Stall. Zwei wurden als Zugtiere für den Wagen gebraucht, eine als Milchlieferantin. Als im fortgeschrittenen Alter Omas Kräfte nachließen, verkleinerte sie ihre Landwirtschaft. Die Kühe und die Wiesen wurden verkauft.

Eine Ladung Kraut und Rüben

Als ich wieder einmal bei Oma zu Besuch war, hatten wir mit ihrem Fuhrwerk Kohlköpfe und Rüben vom Acker geholt. Fuhrwerke mit Kühen als Zugtiere waren in meiner Kinderzeit noch oft zu sehen. Pferde konnten sich nur die reicheren Bauern leisten.

Kohl und Rüben waren in diesem Jahr prächtig gediehen und versprachen nahrhafte Mahlzeiten für den kommenden Winter. Oma hatte dafür im Keller einen Lagerplatz eingerichtet. Dorthin galt es nun die Ladung zu transportieren.

Fleißig half ich dabei. Die Tragkraft meiner kleinen Arme ließ natürlich zu wünschen übrig, aber »Kleinvieh macht auch Mist« war einer von Omas Sprüchen. Und so tapste ich eifrig die Kellerstufen hinunter und wieder hinauf.

Der Wagen, den wir an diesem Tag abluden, war Omas ganzer Stolz. Mark für Mark hatte sie jahrelang beiseitegelegt, um sich dieses moderne Fahrzeug anschaffen zu können. Es hatte im Gegensatz zu den herkömmlichen Leiterwagen mit eisenbereiften Speichenrädern aus Holz Räder mit Gummireifen und an der Seite eine Kurbel. Wenn man an ihr drehte, konnte man die Bremsen festdrehen oder lösen.

Ich hatte schon oft genau hingesehen, wie Oma das bewerkstelligte. Es schien gar nicht so schwierig zu sein. Sollte ich es nicht auch einmal versuchen?

Jedes Mal, wenn ich mit dem leeren Korb die Kellertreppe hochkam, musste ich an der Kurbel vorbei. Und jedes Mal juckte es mich in den Fingern. Irgendwann stach mich der Hafer. Oma war gerade im Keller. Niemand sah zu. Ein paarmal drehen würde bestimmt keinen Schaden anrichten, schoss es mir durch den Kopf. Gedacht, getan!

Als die gummibereiften Räder die plötzliche Freiheit bemerkten, fingen sie auch schon an, sich zu drehen, erst langsam, und da es leicht bergab ging, bald etwas schneller. Jetzt aber schnell zurückdrehen!, war meine Devise. Aber o weh! Kaum hatte ich diesen notwendigen Entschluss gefasst, kam ich auch schon ins Stolpern, und der Wagen machte sich selbstständig.

Schreien war jetzt alles, und ahnungsvoll stürmte Oma die Kellerstufen hoch. Sie sah gerade noch, wie ihr ganzer Stolz aus Nachbars Gartenzaun Kleinholz machte, ehe er an einem Baum zum Stehen kam.

Das war das erste und einzige Mal, dass mir Oma das Fell gerbte. Ich nahm es geduldig hin. Nicht auszudenken, was da alles hätte passieren können!

Mit dem Fuhrwerk aufs Feld.

Nachbars Wunderhenne

Omas Nachbar war ein Bauer von kräftiger Statur und mit einem guten Appetit versehen. Nie mehr habe ich einen Menschen einen solchen Nudelberg verdrücken sehen wie ihn! Er war schon im reiferen Alter, aber immer noch ledig. Seit seine Mutter gestorben war, lebte er allein auf seinem Hof. Er freute sich immer, wenn Kinder aus der Nachbarschaft ihn besuchten und ihm bei der Arbeit oder dem anschließenden Vesper Gesellschaft leisteten.

Einmal kam ich gerade dazu, wie er einer Henne, um zu einer kräftigen Hühnerbrühe zu kommen, den Kopf abschlug. Anschließend warf er sie in einen neben ihm stehenden Bottich mit heißem Wasser.

»Danach lassen sich die Federn leichter rupfen«, erklärte er mir.

Doch dem kopflosen Federvieh schien die Prozedur nicht zu behagen. Vielleicht war ihm das Wasser zu heiß? Jedenfalls flatterte es wie wild geworden aus dem Kübel und sauste die Wiese hinunter, bis es schließlich an einem Zaun hängen blieb.

So etwas ging damals über meinen kindlichen Verstand, und ich glaubte, ein Wunder gesehen zu haben.

Als dann Jahre später im Geschichtsunterricht vom Seeräuber Klaus Störtebeker die Rede war und ich erfuhr, dass er nach seiner Enthauptung noch an seiner Mannschaft vorbeigelaufen sein soll und ihr somit das Leben rettete, bis ihm einer, der mit ihm sterben wollte, ein Bein stellte, erinnerte ich mich an Bauer Alfreds Wunderhenne und verstand die Geschichte. Ich hatte so was ja selber schon erlebt.

Das hatte der Bauer aber nicht gewusst und die Henne schon gar nicht, dass sie mir anschaulichen Geschichtsunterricht vermittelt hatten.

Abenteuerspielplatz Wasser

Öffentliche Spielplätze mit Klettergerüsten, Schaukeln, Rutschen und Sandkästen gab es in den Nachkriegsjahren in unserer Gegend keine. Unser Spielplatz waren die wenig befahrenen Seitenstraßen und Gassen in der Stadt. An Geschwistern und Nachbarskindern fehlte es auch nicht, und so stand Spielen wie »Ochs am Berg«, »Räuber und Gendarm«, Verstecken und Fangen nichts im Weg.

Noch viel interessanter war es aber, wenn wir Oma besuchen durften. In der bäuerlich geprägten Umgebung gab es Wiesen und Felder, Scheunen und Schuppen, die zum Spielen einluden. Und wenn wir Hunger oder Durst hatten, fanden wir immer etwas zu essen und zu trinken: Je nach Jahreszeit Sauerampfer, Rhabarber, Beeren, Nüsse, Obst und gegen den Durst klares Wasser vom Brunnen, der bei vielen Gehöften zu finden war. Einer pumpte, und alle anderen hielten nacheinander den Mund an das Wasserrohr und labten sich am frischen Nass.

Zudem standen damals alle Häuser in Omas Gegend offen. Ein Kind nahm einfach die anderen mit, und alle wurden versorgt mit dem, was gerade da war. Heute in diesem Haus, das nächste Mal in einem anderen. An Bauernbrot und Marmelade fehlte es nie. Manchmal gab es auch ein leckeres Speckbrot. Frisch gestärkt sauste dann die muntere Kinderschar wieder hinaus, neuen Spielen entgegen.

An Omas bäuerlichem Anwesen floss ein kleiner Bach vorbei, der mit seinem Wasser den Dorfweiher füllte. Ein idealer Abenteuerspielplatz für uns Kinder! Man konnte am Ufer sitzen und die Füße kühlen, Papierschiffchen um die Wette schwimmen lassen, Molche oder Stichlinge fangen und im Einmachglas bewundern. Anschließend gaben wir ihnen ihre Freiheit wieder zurück und sahen zu, wie sie schnurstracks das Weite suchten.

Am liebsten bauten wir am Bach Staudämme aus Steinen und Grasboschen. Das gestaute Wasser bildete bald kleine Seen, in denen man barfuß munter umherhopsen und sich gegenseitig nass spritzen konnte.

Oma achtete stets darauf, dass am Abend sämtliche Staudämme weggeräumt wurden und das Wasser wieder seinen gewohnten Lauf nehmen konnte, ob wir wollten oder nicht. Da kannte sie kein Erbarmen.

»Das nächste Hochwasser kommt bestimmt!«, erklärte sie uns jedes Mal.

Wir Kinder machten uns darüber keine Gedanken. Doch Oma wusste, warum sie in dieser Sache so streng sein musste. Bei manchem Unwetter war das sonst so munter dahinplätschernde Bächlein zum reißenden Bach geworden. Damit das Wasser nicht über das Ufer trat und den Hof überschwemmte, achtete jeder Anwohner in seinem angrenzenden Teil darauf, dass das Bachbett frei war und das Wasser gut abfließen konnte.

Wie gut, dass Oma aufpasste!

Mit dem VW den Kappelkeller hinab.

Bahn frei! Kartoffelbrei!

Einfach super war es bei Oma im Winter, wenn Schnee lag und wir auf der Dorfstraße mit dem Schlitten in rasendem Tempo abwärts brausen konnten. Damals konnte man sich das noch erlauben, denn im Winter fuhr da noch fast nichts!

Wir hatten einen überlangen Schlitten, eine Spezialanfertigung eines Onkels unserer Mutter, der Wagner war und sich auf solche Sachen verstand. Gut fünf Kinder passten darauf, die dem Gefährt den nötigen Schwung gaben. Wie mit einem Geschoss sausten wir damit oben von s'Dollsteffes Haus hinab zu s'Schmolles Hof.

»Bahn frei! Kartoffelbrei!«, schrien wir dabei im Chor, um alles zu warnen, was sich irgendwo in Bahnnähe befinden könnte, und manche aufgeschreckte Katze rettete sich in höchster Not auf den nächsten Baum.

»Dass mir ja keiner in den Dorfweiher fällt!«, hatte uns Oma immer wieder gewarnt.

»Natürlich nicht! Wir passen schon auf!«, bekam sie stets als Antwort.

Wir wussten, es gab auf unserer Rennstrecke eine scharfe Rechtskurve, die gleich in eine nicht weniger kritische Linkskurve mündete. Geradeaus lag der Dorfweiher, der für die örtliche Feuerwehr als Löschteich diente, und rechts von der Straße war ein Lattenzaun. Weder Teich noch Zaun sahen einladend aus, weshalb wir die Schussfahrt immer rechtzeitig etwas abbremsten – das heißt, fast immer!

Einmal wollten wir es genau wissen, was der Schlitten an Tempo hergab, und verzichteten auf das Bremsmanöver. »Jesses, Maria!«, hörten wir eine Frau schreien, die gerade vorbeistapfte, als wir auch schon in hohem Bogen durch die Luft flogen. Ein mehrstimmiger Schrei, ein gewaltiger Platscher, dann war Ruhe! Eisiges Wasser hatte unseren Übermut schlagartig abgekühlt.

Pustend und prustend retteten wir uns ans Ufer und trotteten wie begossene Pudel in Omas Küche.

»Hochmut kommt vor dem Fall!«, sagte sie nur und war natürlich alles andere als entzückt. Aber dann verwendete sie ihre ganze Energie darauf, uns mittels Handtüchern trocken zu reiben und mit heißem Tee unsere Lebensgeister auf Normaltemperatur zu bringen. Unseren Eltern verriet sie zum

Glück nichts, sonst wären wir nicht so glimpflich davongekommen. Aber vorsichtshalber wurde unser Schlitten um ein gehöriges Stück verkleinert.

Wohnen wie die Eskimos

Hurra, es schneit!« Was für ein Hallo bei uns Kindern, wenn die ersten Schneeflocken vom Himmel fielen. Wir konnten es kaum erwarten, bis wir mit unseren Schlitten den Hang hinabrutschen oder einen Schneemann bauen durften. Und wenn es genug geschneit hatte, gab es auch mal eine zünftige Schneeballschlacht.

Bei Oma auf dem höher gelegenen Hohbaum lag oft den ganzen Winter über viel Schnee auf den großen Wiesenflächen. Genug, um damit ein Schneehaus bauen zu können. Die ganze Kinderschar aus der Nachbarschaft machte sich ans Werk. Schneekugel um Schneekugel wurde gerollt und dann mit vereinten Kräften aufgeschichtet, bis die vier Wände stark genug waren, die Bretter für das Dach zu tragen.

Danach waren die Feinarbeiten an der Reihe. Die Schneewände wurden an einigen Stellen nachgebessert und glatt gestrichen, die Bretter mit Schnee unsichtbar gemacht. Es sollte ja ein richtiges Schneehaus werden. Innen kratzten wir ein paar Nischen für die Kerzen aus und hängten den Eingang mit einer alten Decke zu.

Jetzt hatten wir die kalte Jahreszeit über einen Unterschlupf. Wir saßen im Kreis herum auf Decken, die Wachskerzen in den Wandnischen verbreiteten Licht und Wärme, sodass es richtig heimelig in unserem Schneehaus war. Die erwärmten Innenwände froren in der kalten Winternacht wieder fest und wurden so von Tag zu Tag immer stabiler.

Es war unser Haus. Erwachsene hatten keinen Zutritt. Wir Kinder trafen uns dort, erzählten, lachten und vesperten zusammen. So ähnlich werden wohl die Eskimos in ihren Iglus wohnen, stellten wir uns vor.

Und wenn der Frühling kam und Tauwetter einsetzte, waren wir nicht traurig.

»Im nächsten Winter bauen wir uns ein neues Schneehaus«, riefen wir und freuten uns auf die neue Jahreszeit und das Erwachen der Natur.

In den Ferien bei der Pferdekoppel.

Eine kurze Auferstehung

Oma wohnte im ländlich geprägten Stadtteil Kappelwind-eck. Da war es noch Sitte, dass bei Todesfällen der Leichnam im Haus aufgebahrt wurde. Abends trafen sich dann die Angehörigen und die Nachbarschaft zum Totenrosenkranz am Sterbebett. Am Tag der Beerdigung bewegte sich der Leichenzug vom Haus aus zum Friedhof hin, vorneweg der von zwei Pferden gezogene Leichenwagen mit dem Sarg, dahinter der Pfarrer mit den Ministranten, danach die Angehörigen und die weiteren Trauergäste, so ziemlich das halbe Dorf.

Wenn ich bei Oma zu Besuch war, nahm sie mich zum Rosenkranzbeten mit. »Der Tod gehört auch zum Leben«, meinte sie. An den traurigen Gesichtern merkte ich bald, dass es sich dabei um kein freudiges Ereignis handeln konnte. Doch Schaden an Leib und Seele habe ich nicht genommen. So schlimm kann der Tod nicht sein, dachte ich im Stillen. Die Toten lagen so friedlich da. Manchmal glaubte ich sogar ein Lächeln in ihrem bleichen Gesicht zu entdecken.

Einmal aber bekam ich das Gruseln. Die Urgroßmutter lag im Sterben. Ich ging mit Oma in ihr Elternhaus. Kreidebleich, mit geschlossenen Augen und hohlen Wangen lag die alte Frau im Bett, die Hände gefaltet. Auf dem Nachttisch stand ein Kruzifix, daneben brannten zwei Kerzen. Der Arzt war schon da gewesen und der Pfarrer auch.

»Ist sie tot?«, flüsterte ich Oma zu.

»Ich weiß nicht«, hauchte Oma zurück.

Zur Urgroßmutter hatten wir Kinder keinen so engen Kontakt. Ich war mit Oma nur ab und zu mal bei ihr zu Besuch. Sie war in ihrem Leben nie ernsthaft krank gewesen. Erst im hohen Alter war sie beim sonntäglichen Kirchgang von einem Auto angefahren worden und im Krankenhaus gelandet. Oberschenkelhalsbruch hatten die Ärzte diagnostiziert. Von da an war sie nie mehr so richtig auf die Beine gekommen.

Jetzt schien sie gestorben zu sein. Jedenfalls lag sie regungslos da und atmete nicht mehr.

»Ich glaube, sie ist tot«, sagte eine von Omas Schwestern. Alle bekreuzigten sich, falteten die Hände und sprachen ein

Gebet. Danach begab sich die Trauergesellschaft in die Küche, wo für alle ein Vesper gerichtet war. Die Lebenden sollten ja schließlich nicht verhungern! Alle saßen still da und kauten vor sich hin.

Plötzlich ging die Tür auf, und eine bleiche Gestalt in weißem Gewand kam herein. Ein Schrei entfuhr den Anwesenden. Ich drückte mich fest an Oma. War das eine Fata Morgana? Da stand die eben noch tote Urgroßmutter, schritt zum Tisch, setzte sich auf einen freien Stuhl und verlangte etwas zu essen.

Keiner brachte einen Laut heraus. Die Urgroßmutter saß da, lächelte vor sich hin, aß ein paar Bissen, stand auf und schlurfte in ihre Kammer zurück. »Jetzt geh ich wieder«, sagte sie nur und verschwand.

Das alles ging über meinen kindlichen Verstand. Oma hatte auch keine Erklärung. Und die Urgroßmutter war dann doch noch richtig tot, wie der Arzt versicherte, den man noch einmal geholt hatte. Aber allen, die dabei waren, saß der Schreck noch lange in den Gliedern.

Mit Oma in der Kirche

Sonntags ging Oma immer zum Gottesdienst in die barocke Pfarrkirche St. Maria. Manchmal war ich auch dabei. Oma betete fleißig, und so hatte ich viel Zeit, meine Augen umherschweifen zu lassen, damit mir ja nichts entging. Dabei achtete ich auf Dinge, die für einen frommen Kirchenbesucher unwichtig sind, das Gehirn eines kleinen Buben aber umso mehr beschäftigen. So fiel mir auf, dass der Pfarrer seine lateinischen Gebete nur mit Mühe hervorbrachte und andauernd Pausen einlegte. Sollte er am Ende die Kirchensprache nicht beherrschen, ging es mir durch den Kopf. Ich blickte zu Oma hoch, aber sie zeigte keine Reaktion.

Also beschränkte ich mich weiter aufs Beobachten. Mit der Zeit merkte ich, dass der geistliche Herr die lateinischen Texte flüssig und fehlerlos beherrschte, sobald er sie sang. Ich grübelte. Dann schaute ich zu Oma hoch und flüsterte: »Vielleicht hat er die fremde Sprache nur singen gelernt?«

Oma sah mich verständnislos an. »Sei still und bete!«, zischte sie.

Von der Predigt bekam ich nicht viel mit. Sie wurde zwar in deutscher Sprache gehalten, wie mir schien. Ab und zu verstand ich ein Wort, aber das Radebrechen war nicht viel besser als vorher bei den lateinischen Texten.

Nach der Messe erklärte mir Oma auf meine Fragen hin, dass der Herr Pfarrer einen Sprachfehler habe, für den er nichts könne, und ich solle deshalb gefälligst meine vorlauten Bemerkungen unterlassen.

Ich nahm mir vor, das nächste Mal andächtiger zu sein. Doch sosehr ich mir auch Mühe gab, es gelang mir nicht. Schuld daran war ein älterer Mann, der gegen Schluss einer abendlichen Andacht als Vorbeter fungierte. Bei der Allerheiligenlitanei werden sämtliche Heiligen der Kirche um Hilfe gebeten. Der Vorbeter hatte oft Schwierigkeiten, ihre nicht immer geläufigen Namen richtig auszusprechen. Vielleicht hat er die falsche Brille dabei, versuchte ich, eine Erklärung zu finden. Jedenfalls kam er einige Male ins Stottern und rief dabei Heilige um Hilfe an, von denen ich noch nie etwas gehört hatte. Manchmal verhaspelte er sich derart, dass er verzweifelt aufgab.

»Soll er heißen, wie er will!«, gab er schließlich von sich. »Sagt einfach: Bitte für uns!« Und die Gemeinde tat ihm den Gefallen. »Bitte für uns!«, murmelte das Volk andächtig.

War ja auch nicht so wichtig. Namen sind Schall und Rauch, sagt ein Sprichwort. Und irgendein Heiliger wird sich schon erbarmt haben.

St. Maria mit »Lamm« und »Linde«

Die verbotenen Früchte

Hilda, ein in Omas Gegend lebendes Mädchen, war wegen ihrer Streiche berüchtigt. Ihren roten Haaren verdankte sie wahrscheinlich ihren Spitznamen. Wenn jemand von der » roten Hilda « sprach, wussten alle, wer gemeint war. Es verging kaum ein Tag, an dem sie nicht ihren Schabernack trieb. Oft war in der ganzen Nachbarschaft das Geschrei zu hören, wenn ihr Vater mal wieder hinter ihr herrannte und ihr Schläge androhte. Zum Glück erwischte er sie nie, denn sein Prügel, mit dem er wild in der Luft umherfuchtelte, verhieß nichts Gutes.

Ich fand sie lustig und freute mich jedes Mal, wenn sie in der Nähe war. Eines Tages fragte sie mich, ob ich mit ihr ein paar Erdbeeren essen wolle. War das eine Frage! Welches Kind würde da Nein sagen. Ahnungslos ging ich mit. In diesem Moment konnte ich gar nicht verstehen, dass sie von einigen Leuten mit » elender Wasen « betitelt wurde, was nicht gerade ein Kosename war und so viel wie » freches Luder « bedeutete.

Sie wollte mir Erdbeeren geben, und deshalb schien sie mir eher eine gute Fee zu sein, sie war auch etwas älter als ich. Bald standen wir vor einem umzäunten Garten. Was für schöne rote Erdbeeren es da gab! Flugs kletterte meine gute Fee über den Zaun, und ich tat es ihr nach. Einen Verdacht wegen dieses ungewöhnlichen Einstiegs hegte ich nicht. Das ist eben Hildas Methode, dachte ich mir und machte mich unbeschwert über die süßen Früchte her. Wir suchten uns die schönsten raus und merkten deshalb das drohende Unheil nicht, das sich in Gestalt eines Bauern näherte.

»Ihr Saukorps, elendes! Macht, dass ihr schleunigst aus meinem Garten kommt! Euch helf ich gleich!«, schrie es plötzlich hinter uns.

Worin die Hilfe bestehen würde, war an seinem Prügel leicht auszumachen. Meine gute Fee kannte sich mit solchen Situationen aus und reagierte sofort. Ich sah sie gerade noch über den Zaun springen und das Weite suchen. Blitzschnell wurde mir klar, dass sie mich in einen fremden Garten mit verbotenen Früchten geführt hatte. Zum Glück war ich flink genug, dem etwas schwerfälligen Bauern zu entwischen, solange es noch Zeit war. Meiner Oma verriet ich nichts von dem Abenteuer. Aber um den Garten machte ich fortan einen großen Bogen.

Altes Fachwerkhaus auf dem Hohbaum.

Erdbeeren mit Freddy Quinn

Im Ortsteil Riegel, wo Oma aufgewachsen war, lag ein Erdbeerfeld, auf dem auch noch drei Pfirsichbäume standen.
Richtig reif wurden die Pfirsiche selten, denn meistens wanderten sie noch fast grün in unsere Mägen, die dann oft rebel-
lierten bei der schwer verdaulichen Kost.

Einmal waren mein Bruder Edgar und ich mit Oma auf
diesem Feld und pflückten Erdbeeren, die zum Verkauf gedacht waren. Dabei musste man die empfindlichen Früchte
nach Größe in kleine Spankörbe mit je fünf Pfund sortieren.
Die größeren wurden dann als A-Ware verkauft, die kleineren
als B-Ware. Die A-Ware brachte natürlich mehr Geld ein. Daher musste man beim Pflücken höllisch aufpassen, dass die
Früchte im richtigen Korb landeten. Die Prüfer an der Sam-
melstelle waren da sehr genau.

So waren wir ganz in unsere Arbeit vertieft, als plötzlich
aus Richtung Schützenhaus oben am Jägerweg, der zur Burg-
ruine Windeck führte, laute Musik ertönte. Wahrscheinlich
testete man dort eine neue Beschallungsanlage für das nächste
Schützenfest.

Jedenfalls sang der damals sehr bekannte Sänger Freddy
Quinn in voller Lautstärke seinen neuesten Hit »Heimatlos
sind viele auf der Welt, heimatlos und einsam wie ich ...«.

»Der kann aber schön singen«, sagte Oma und hielt kurz
in ihrer Arbeit inne. Und als das Lied zu Ende war, meinte sie
noch einmal: »War das aber schön!«

Plötzlich legte Freddy Quinn mit dem gleichen Lied von
Neuem los: »Heimatlos sind viele auf der Welt, heimatlos

und einsam wie ich ...«. Man hätte meinen können, die Leute im Schützenhaus hätten Omas Begeisterung mitbekommen. Jedenfalls ertönte der Schlager ein drittes und auch noch ein viertes Mal: »Heimatlos sind viele auf der Welt, heimatlos und einsam wie ich ...«.

Als ob die da oben keinen anderen Song mehr auf Lager gehabt hätten. Das ging jetzt selbst Oma zu weit.

»Ja, hat denn der immer noch keine Heimat gefunden?«, maulte sie genervt.

Edgar und ich lachten und sangen lauthals mit. Den Text konnten wir inzwischen auswendig. Und Oma? Sie stimmte schließlich auch mit ein.

Auf dem Erdbeerfeld.

Mozart und der Birnbaum

Omas Äcker lagen weit verstreut in der Gegend. Flurbe-
reinigung war damals noch ein Fremdwort, und so
hieß es für uns Kinder oftmals, die Hacke auf den Buckel
nehmen und auf einen Acker wandern, denn das Unkraut
wucherte fast bei jedem Wetter. Es waren hauptsächlich die
Zwetschgenäcker, die eine Mitarbeit von uns Kindern erfor-
derlich machten: im Frühjahr die Kleberinge gegen die
Schädlinge anbringen, den Sommer über Unkraut hacken
und bei der Ernte auf die Leiter hoch und Zwetschgen pflücken.

Das Schönste an der ganzen Feldarbeit war für uns das Vesper im Freien. An einem schattigen Platz setzten sich Oma
und Mama mit uns Kindern auf einen Schwall. So nannte
man damals einen etwas erhöhten, mit Gras bewachsenen
Feldrain. Irgendwie muss das badische Schimpfwort
»Schwalldatscher« wohl daher kommen. Dann wurde das
Vesper ausgepackt: Geräucherter Speck aus Omas Räucherkammer, saure Bohnen, dazu selbst gebackenes Brot und
gegen den Durst Most mit Sprudel.

Einmal hatte ich mir diese köstliche Mahlzeit besonders
verdient. Auf dem Zwetschgenacker stand ein riesiger Baum
mit Pastorenbirnen, die geerntet werden mussten. Sie waren
zwar noch ziemlich grün, aber im Keller gelagert reiften sie
bis zum Winter zu einem begehrten Leckerbissen. Der Baum
war ziemlich alt und an manchen Stellen bereits etwas brü-
chig. Die längste Leiter wurde herbeigeschleppt, und dann
stellte sich die große Frage: Wer geht da hinauf?

Ich war der Leichteste, und so fiel die Wahl auf mich. Sprosse um Sprosse stieg ich höher und höher, und als der Mut zu sinken drohte, fiel mir plötzlich die Arie des Pedrillo aus Mozarts Oper »Die Entführung aus dem Serail« ein, die ich kürzlich zusammen mit meinem Vater im Radio angehört hatte. Und aus luftiger Höhe klang es zum unten harrenden Publikum hinunter: »Nur ein feiger Tropf verzagt, nur ein feiger Tropf verzagt!«

Der Gesang half tatsächlich. Birne um Birne landete behutsam im Korb und wurde dann vorsichtig nach unten transportiert. Wenn das Mozart gewusst hätte, welch psychologisch günstige Wirkung seine Arie zu erzeugen imstande war, er wäre gewiss nicht mit fünfunddreißig Jahren verhungert!

Ein Gutsel vom Fellmoser

In meiner Kindheit waren Supermärkte noch unbekannt, wenigstens in unserer Gegend. Wir kauften die Lebensmittel, die wir nicht vom Acker oder aus dem Garten holen konnten, im Laden ein. In der Stadt gab es einige Bäckereien, Metzgereien, Milchgeschäfte und kleinere Lebensmittelläden. Auf dem Land war meistens nur ein kleiner Tante-Emma-Laden zu finden, der höchstens Wohnzimmergröße hatte. Aber dafür gab es dort fast alles zu kaufen, was die Leute in der Gegend brauchten, vom Waschmittel bis zu den Hosenknöpfen, von Rosinen bis zur Fleischwurst. In Omas Gegend gab es nur ein Geschäft, in dem dies alles zu erwerben war, den Laden vom Fellmoser.

Ich freute mich jedesmal, wenn Oma mir einen Zettel in die Hand drückte und sagte: »Lauf mal schnell zum Fellmoser und hol mir die Sachen, die ich aufgeschrieben habe!« Das musste sie nie zweimal sagen, denn beim Fellmoser gab es immer ein Gutsel als Belohnung, und was zum Schlecken bekamen wir nicht alle Tage. Flugs schnappte ich also die Einkaufstasche und stürmte los.

Bis zum Laden in der Klotzbergstraße war es mindestens ein Kilometer, die eine Hälfte bergab und dann die andere wieder bergauf. Ganz außer Puste kam ich an. Als ich die Tür öffnete, bimmelte die Ladenglocke. Der Fellmoser erschien. Seinen Vornamen weiß ich bis heute nicht. Bei allen Leuten hieß er eben »der Fellmoser«. Er war ziemlich klein. Auffällig waren sein rundes Gesicht und seine Glatze. Zur Kundschaft war er immer freundlich.

»Na, was braucht denn deine Oma heute«, sagte er und sah mich grinsend an. Ich reichte ihm meinen Zettel hin. Damals gab es noch alles offen zu kaufen. Ob Mehl, Zucker, Salz oder Rosinen, alles wurde mit einer kleinen Schaufel in Papiertüten abgefüllt, Wurst und Käse in Papier eingewickelt. Der Fellmoser zählte also das Gewünschte ab oder wog die aufgeschriebene Menge. Währenddessen schielte ich erwartungsvoll auf die mit verlockenden Süßigkeiten gefüllten Gläser auf der Ladentheke.

»Welches willst du denn haben?«, fragte der Fellmoser, als er den Zettel abgearbeitet und die Sachen in der Tasche verstaut hatte.

»So ein Himbeergutsel!«, seufzte ich.

Der Fellmoser lächelte, hob den Glasdeckel hoch und holte so eine herrliche, große Himbeere aus rotem Zucker heraus.

Flugs verschwand sie in meinem Mund. Und dann sah man einen zufrieden schlotzenden Buben den Kilometer zurück zur Oma schlendern.

Plötzlich verschwunden

Im Sonnengässle, wo wir nach dem Krieg acht Jahre lang in beengten Verhältnissen wohnten, war immer etwas los. Das lag sicher daran, dass wir zusammen mit den Nachbarskindern stets neue Spielideen hatten. Und wenn uns kein neues Spiel einfiel, konnten wir auf ein bereits bekanntes zurückgreifen wie zum Beispiel Verstecken. Das passte immer.

An diesem Vormittag spielten wir also zum soundsovielten Mal Verstecken, als uns Mama plötzlich zum Essen ins Haus rief. Das passte zwar nicht so recht in unser Programm, aber wenn Mama rief, gab es keine Widerrede. Wir wussten, sie rief ungern ein zweites Mal.

Als ihr Blick auf ihre verschwitzten Kinder fiel, wurde sie stutzig. Da fehlte doch einer der Buben! »Wo ist der Edgar?«, fragte sie und sah mich streng an. »Du solltest doch auf ihn aufpassen!«

»Keine Ahnung, vorher war er noch da!«, maulte ich. Und ehe ich michs versah, hatte ich links und rechts eine sitzen.

»Die eine fürs Nichtaufpassen, die andere fürs Maulen!« Das war kurz und bündig die Erklärung meiner Mutter. Sie fackelte nie lange.

Sofort wurde ich losgeschickt, den Verschollenen zu suchen. Ich durchstöberte sämtliche Winkel von der Hauptstraße über die Schwanenstraße bis zum Johannesplatz. Vom vielen Rufen klang meine Stimme schon recht heiser. Vergebens, Edgar blieb verschwunden!

Ich dachte nach. Hatte er nicht am Morgen davon gesprochen, dass er zur Oma wolle, und hatte ihn nicht Mama auf das Wochenende vertröstet? Der wird doch nicht heimlich abgehauen sein? Das erschien mir zwar unwahrscheinlich, immerhin wohnte Oma mindestens eine halbe Stunde entfernt von uns. Aber bei meinem Bruder war nichts unmöglich!

Ein Auto hatten wir keines, und ein Fahrrad bekam ich erst später. Auch ein Telefon hatten wir damals genauso wenig wie Oma. Von einem Handy ganz zu schweigen, das war zu dieser Zeit noch ein Fremdwort. Also musste ich mich zu Fuß auf die Suche machen. In der Mittagshitze kam mir der Weg unendlich lang vor. Zu allem Übel war Oma nicht zu Hause.

»Die ist auf dem Klotzberg oben Kartoffeln hacken«, rief die Nachbarin, die gerade dabei war, ihre Küchenabfälle auf den Misthaufen zu leeren.

Was blieb mir anderes übrig? Ohne zu klagen, quälte ich mich den schmalen Pfad zum Klotzberg hoch. Und siehe da! Da hopste doch froh und munter mein vermisstes Brüderchen am Waldrand entlang!

»Ah, kommt noch einer!«, sagte Oma und hackte weiter.

Ich klärte sie über den wahren Sachverhalt auf. Sie fiel aus allen Wolken. Da hatte doch der Kleine behauptet, mit Mamas Wissen die Oma besuchen zu dürfen.

»Du bist mir so ein Schlawiner«, meinte sie und schüttelte den Kopf. In ihrem Gesicht glaubte ich aber ein leichtes Grinsen entdeckt zu haben.

Schnurstracks packte ich den Burschen und machte mich mit ihm auf den Heimweg. Als wir ins Sonnengässle einbogen, war Mama schon von Weitem zu sehen. Die Sorge um den Buben hatte sie ziemlich mitgenommen. Edgar schlich die letzten Meter an der Hauswand entlang, wobei er mit den Händen sein Hinterteil zu schützen versuchte. Wahrscheinlich befürchtete er ein paar Hiebe.

»Ich bin nicht abgehauen«, murmelte er dabei mehrmals vor sich hin. »Ich bin nicht abgehauen.«

Der Anblick war so lustig, dass unsere Mutter Wut und Sorge vergaß und lauthals lachte. Wenn Mama lachte, war alles gut. So kam Edgar ohne Strafe davon. Und meine zwei Backpfeifen, die ich vorab schon verabreicht bekommen hatte, waren zu verschmerzen.

Mama schien meine Gedanken zu erahnen, denn plötzlich nahm sie mich in die Arme, drückte mich fest an sich und flüsterte: »Gell, wir sind beide froh, dass dem Edgar nichts passiert ist!«

Da war auch meine Welt wieder in Ordnung.

Im Sonnengässle.

Was tun mit Omas Zehner?

Fast jeden Sonntag kam Oma zum Mittagessen. Die ganze Woche über hatte sie auf ihrem Bauernhof gearbeitet, das Vieh versorgt, die Felder bestellt, das Haus in Ordnung gehalten. Jetzt sollte sie auch mal ein wenig verwöhnt werden. Mama zauberte an solchen Tagen immer eine leckere Mahlzeit auf den Tisch: Eine Gemüseplatte mit frischem Gemüse aus Omas Landwirtschaft, selbst gemachte Nudeln, Salat aus dem Garten und Fleisch, meistens war es ein Braten. Mit ein paar Knochen dazu gab das dann auch noch eine gute Soße.

Nach dem Essen redeten Oma und Mama fast immer über die Landwirtschaft und die Arbeiten, die in der kommenden Woche anstanden. Unser Vater zeigte da wenig Begeisterung.

Von Ackerbau und Viehzucht hatte er keine Ahnung. Da beschäftigte er sich lieber mit seinem geliebten Radio, dem er mit einer selbst gebastelten Antenne die herrlichsten Töne entlocken konnte. Wir Kinder durften derweil das Geschirr versorgen: spülen, abtrocknen, wegräumen.

Dafür gab es von Oma jedes Mal einen Zehner. Keinen Zehnmarkschein, den hatte Oma oft selber nicht, aber ein Zehnpfennigstück. Damit konnte man zu der Zeit noch einiges anfangen. Zum Beispiel beim Grafebeck eine Waffeltüte mit einer Kugel Erdbeer-, Vanille- oder Schokoladeneis kaufen oder beim Milchmann in der Sternengasse eine Portion Sahne. Ein schöneres Sonntagsdessert konnten sich meine Geschwister kaum vorstellen.

Ich aber drehte häufig den Zehner ein paarmal um. Was sollte ich tun? Auch etwas Leckeres zum Schlecken holen oder zum Fußballspiel gehen? Der VfB Bühl spielte zu der Zeit in der obersten Amateurliga unter den Spitzenmannschaften. Und das Zuschauen kostete Eintritt, auch für Kinder. Wenn ich kein Geld hatte, schlich ich so lange um das Kartenhäuschen herum, bis der Kassierer Erbarmen zeigte und mich passieren ließ. Aber da war das Spiel schon zur Hälfte vorbei. Doch wenn ich einen Zehner dabeihatte, durfte ich meistens gleich hinein.

»Besser als nichts!«, murmelte der gutmütige Mann dann vor sich hin, und für mich gab es einen Nachmittag voller Spannung.

Omas besondere Suppe

Mama war selten krank. Auch wenn es ihr mal nicht so gut ging, war sie immer für uns da. Doch eines Tages machte ihr eine Stirnhöhlenvereiterung zu schaffen, und Mama sah schrecklich krank aus. Dieses Mal kannte die Ärztin, die unser besorgter Vater geholt hatte, kein Pardon. »Entweder halten Sie die von mir verordnete Bettruhe ein, oder ich schicke Sie ins Krankenhaus!«, sagte sie unerbittlich.

Oma kam, um für uns zu kochen, denn Papa verstand davon nichts, und wir Kinder waren noch zu klein. Mama wusste uns in guten Händen, denn Oma war eine gute Köchin. Wie oft hatten wir bei ihr gegessen, wenn wir auf dem Feld gearbeitet oder im Herbst Kastanien oder Pfifferlinge im Wald gesucht hatten. Die Pfifferlingspfanne mit Zwiebeln und Speck war eine Spezialität von ihr und schmeckte köstlich.

Aber an diesem Tag waren keine Pilze da, und so verfiel Oma auf die unglückselige Idee, eine besonders nahrhafte Suppe, wie sie meinte, zu kochen: Sagosuppe. Wir hatten vorher keine Ahnung, wie so etwas schmeckt, geschweige denn, wie das fertige Produkt aussieht.

Als die Bescherung dann auf dem Tisch stand und Oma freudestrahlend unsere Teller füllte, glaubten wir zuerst, sie hätte sich aus Versehen am Froschlaich vergriffen, den wir erst neulich zur Kaulquappenzucht aus dem Weiher geholt hatten. Der Vergleich genügte, um unsere Gesichter grün und blass aussehen zu lassen, und Oma konnte ihre Suppe einpacken.

Das tat sie dann auch im wahrsten Sinne des Wortes, und fortan hatte sie daheim acht Tage lang Sagosuppe zu löffeln. Später gab sie einmal zu, dass sie ihr auch nicht mehr geschmeckt habe nach dem ihrer Meinung nach unpassenden Vergleich. Aber wegwerfen konnte man sie doch nicht!

Besuch bei den Kälbchen.

Omas Geschichten

Oma hat uns Kindern selten aus ihrem Leben erzählt. Ihr Tagesablauf war geprägt von der Arbeit in Haus und Hof. Nur sonntags gönnte sie sich eine Ruhezeit, machte sich zu Fuß auf den weiten Weg zur barocken Pfarrkirche St. Maria in Kappelwindeck und kam dann meistens noch zum Mittagessen zu uns ins Sonnengässle.

Erst später, als ihre Kräfte nachließen und sie sich mehr Ruhepausen gönnen musste, konnte es sein, dass wir Kinder ab und zu mal die eine oder andere Geschichte aus ihrem Leben von ihr erfuhren. Die kleine Johanna war 1895 zur Welt gekommen und im Ortsteil Riegel aufgewachsen – in der zu dieser Zeit noch selbstständigen Gemeinde Kappelwindeck.

Eine kinderreiche Familie

Das bäuerliche Anwesen, in dem Johanna ihre Kinder- und Jugendzeit verbrachte, unterschied sich wenig von den umliegenden Gehöften. Es war ein einfaches Gebäude mit Scheune, Kuhstall und einem in Fachwerkbauweise errichteten Wohnteil. Eine Besonderheit war der Gewölbekeller darunter, eine ideale Lagerstätte für den Wein aus den eigenen Reblagen. Vor dem Haus lag der Hof mit dem Brunnen und gegenüber der Holz- und Geräteschuppen mit Backhaus, Brennhütte, Hühnerstall, Schweinestall und dem Plumpsklo daneben.

Johannas Vater hatte das Gehöft von seinen Eltern übernommen. Die Mutter stammte vom Mönchhof und war das jüngste von dreizehn Geschwistern. Die gleiche Anzahl brachte dann auch sie zur Welt. Vier starben kurz nach der Geburt, eines wurde neun Monate alt, acht überlebten. Dieser Kinderreichtum war keine Seltenheit in jener Zeit. In der Nachbarschaft war es nicht anders. Zehn im Haus davor, vierzehn gar im Haus dahinter.

Jedes Jahr ein Kind oder »alle Jahre wieder«, wie es in einem bekannten Weihnachtslied heißt, war damals, vor allem in bäuerlichen Gegenden, gang und gäbe.

Mancher Frau wurde der reiche Segen fast zu viel. So sagte eines Tages die Nachbarin mit den vierzehn Kindern zu Johannas Mutter, der fünf von den dreizehn Kindern gestorben waren: »Ich will nur wissen, wie du das machst. Mir geht keines!«

Heute klingt so ein Ausspruch vielleicht hart, aber vierzehn Kinder alle Tage satt zu kriegen, war für viele Familien damals nicht leicht.

Auch in Johannas Elternhaus ging es einfach zu. Die Landwirtschaft warf nicht viel ab. Die paar Äcker und Wiesen reichten gerade für den Unterhalt der großen Familie und zur Fütterung der Tiere in den Ställen. Viele waren es nicht: Zwei Kühe als Zugtiere, zwei Schweine zum Schlachten, vielleicht noch ein drittes zum Verkaufen, ein paar Hühner für die Eier. Und wenn es ganz gut lief, kam noch eine dritte Kuh in den Stall, denn die Zugtiere gaben nicht viel Milch.

Ein alter Bauernhof in Riegel.

Von Arbeit geprägt

In Johannas Elternhaus ging es sparsam zu. Jeden Morgen stand eine Milchsuppe auf dem Tisch, in die man Brot hineinbrocken konnte. Als Mittagessen gab es Gemüse, das gerade im Garten oder auf dem Feld geerntet wurde oder im Keller lagerte. Vesperzeit war nachmittags um vier Uhr, oftmals draußen bei der Feldarbeit. Es gab immer das, was man selber hergestellt hatte: Brot, Speck, Rahmkäse, Most. Und jeden Abend wurde Kartoffelsuppe auf den Tisch gestellt.

Nicht nur Johanna freute sich auf den Sonntag. Denn da gab es öfter einen Braten und hausgemachte Nudeln.

Wie es sich für ein christliches Haus gehörte, wurde vor und nach dem Essen gebetet. Johanna kannte die Verse bald auswendig. Vor dem Essen hieß es:

O Gott, von dem wir alles haben,
wir preisen dich für deine Gaben.
Du speisest uns, weil du uns liebst,
o segne auch, was du uns gibst.

Nach dem Essen lautete der Text:

Dir sei, o Gott, für Speis und Trank,
für alles Gute Lob und Dank.
Du gabst, du wirst auch immer geben,
dich preise unser ganzes Leben.

Auch auf den Brotlaib wurden mit dem Messer drei Kreuze gemacht, bevor es angeschnitten wurde. Das machte immer Johannas Mutter. Dabei drückte sie das Brot an ihre Schürze, die danach ganz bemehlt war.

Vom Frühjahr bis in den Herbst hinein musste die ganze Familie bei der täglichen Arbeit mithelfen. Und diese ging nie aus. Auch jedes Kind hatte sein bestimmtes Arbeitsgebiet. Wenn es einem von ihnen zu viel wurde, mussten die anderen helfen, ob sie wollten oder nicht. Da waren die Eltern streng!

Die Hühner füttern, das Geschirr spülen, die Stube fegen, solche Aufgaben gehörten zu den leichteren Tätigkeiten.

Schwieriger war dann schon, das Rüben- oder Kartoffelfeld zu hacken, den ganzen Tag über auf der Leiter zu stehen und Zwetschgen zu pflücken oder gar mit einem mit Mist beladenen Tragekorb auf dem Rücken x-mal den steilen Weinberg hochzukraxeln. Allein schon der weite Weg zu den Wiesen und Feldern war ohne Fahrzeug ermüdend für die kurzen Kinderbeine. Kein Wunder, wenn Johanna und ihre Geschwister abends todmüde ins Bett sanken!

Pflügen mit Kühen.

Die bäuerlichen Festtage

Richtige Festtage im Jahr waren für Johanna die Tage, an denen gebacken oder geschlachtet wurde. Beim Backen wurde bereits am Abend zuvor der Sauerteig vorbereitet. Am nächsten Morgen wartete dann Schwerstarbeit auf die Eltern. Aus Brotmehl, Wasser, Salz und dem Sauerteig mussten sie im großen Backtrog den Teig für die vielen Brote kneten, die für die nächsten vierzehn Tage reichen mussten.

Wenn die Holzscheite abgebrannt waren und der Backofen heiß genug war, wurden die geformten Brotlaibe mit einem hölzernen Schieber ins Ofenloch geschoben. Außer dem Brot wurden aber auch die »Dinnele« gebacken, dünne Brotfladen aus Teigresten. Auf die freuten sich Johanna und ihre Geschwister am meisten. Frisch aus dem Ofen schmeckten sie am besten. Auch für Speck- und Zuckerkuchen zweigte die Mutter etwas Brotteig ab. Es war für alle ein Festmahl!

Ein- oder zweimal wurde im Winter geschlachtet. Genug Arbeit für alle! Je nach Alter und Geschick wurde man für die notwendigen Arbeiten eingeteilt, wenn es galt, mit einem Schaber die Borsten von der Haut zu kratzen, die Zutaten für die Würste klein zu schneiden, mit dem Eimer Wasser herbeizuschleppen und vieles mehr.

Eines Tages herrschte helle Aufregung. Das Schlachtschwein riss aus. Der Strick am Hinterbein der Sau hatte sich gelöst, und laut quiekend sauste das Tier die Dorfstraße hinunter. Johannas Familie samt Metzger rannte hinterher, gefolgt von den Leuten aus den anderen Häusern, aufgeschreckt vom Gebrüll auf der Straße. Das war ein Bild! Es hätte gut in Astrid Lindgrens Geschichten vom Michel aus Lönneberga gepasst.

Gegen diese geballte Übermacht hatte die arme Sau keine Chance. Irgendein Wagemutiger warf sich auf sie und drückte sie zu Boden. Der Rest war ein Kinderspiel. Im Triumphzug wurde sie dann doch noch zur »Schlachtbank« geführt.

Dieses Mal schmeckte die Metzelsupp besonders gut. So viel Fleisch und Wurst gab es sonst das ganze Jahr über nicht zu essen: Kesselfleisch, Blut- und Leberwürste, dazu eigenes Sauerkraut, das man damals den ganzen Winter über im Krautstand vorrätig hatte. Ein Fest für die Familie und alle, die mitgeholfen hatten!

An solchen Tagen des »Überflusses« vergaßen Johannas Eltern nie die Menschen, die weniger hatten. Drei Häuser weiter wohnte eine arme Witwe mit ihrer Tochter in einem winzigen Häuschen. Es gab darin nur eine Stube, in der ein Bett stand, und eine kleine Küche. Der Platz im Stall reichte gerade für eine Kuh, die der ganze »Reichtum« der armen Leute war. Am Schlachtfest wurde immer eines der Kinder hingeschickt mit Suppe, Fleisch und Würsten. Auch für sie wurde es ein Festtag!

Streuobstwiese in den Vorbergen.

Keschde und neuer Wein

Auf die Traubenlese im Herbst freute sich Johanna besonders. Gewiss, es gab dabei ziemlich viel Arbeit, denn
auch die Kinder mussten fleißig mithelfen. Aber bei der Lese
konnte man nebenbei von den süßen Trauben naschen. Und
später beim Keltern, wie herrlich der frisch gepresste Saft
schmeckte!

Gekeltert wurde damals noch daheim. Im alemannischen
Sprachraum sagten die Leute »getrottet« dazu, was so viel
bedeutete wie »getreten«, denn früher wurden die Trauben
mit den nackten Füßen zu Saft getreten. Jeder Winzer hatte

bei der Herstellung des Weines sein eigenes, von den Vorfahren überliefertes Geheimrezept. Dabei war auch die Pflege des Fasses von großer Bedeutung. Deshalb schmeckten Riesling oder Spätburgunder in jedem Haus anders.

Wer dem Wein nicht so sehr zugetan war, hatte ja noch seinen Most aus Äpfeln und Birnen im Keller. Johannas Vater mischte immer ein paar rote Trauben beim Trotten bei, die den Most verfeinerten und ihn im Farbton wie einen Rosé aussehen ließen.

Wenn die Esskastanien in den heimischen Wäldern reif waren, trafen sich die Nachbarn an manchen Herbstabenden in der warmen Stube und machten es sich bei neuem Wein und einem Topf mit heißen »Keschde«, wie die mehligen Früchte im Badischen hießen, gemütlich. Jeder schälte seine Keschde selber, befreite sie mit einem spitzen Messer von der harten Schale, kratzte die leicht bittere Haut ab und schob dann die schmackhafte, süße, mehlige Kostbarkeit in den Mund. Natürlich musste dann mit einem kräftigen Schluck aus dem Weinglas nachgespült werden!

Meistens war an solchen Abenden einer mit einer »Quetschkommod«, einer Ziehharmonika dabei. Dann wurden es mit dem Singen alter Lieder besonders gemütliche Stunden.

Der bäuerliche Alltag war hart, aber zu feiern wussten die Leute im Badischen. Es war ja auch eine Weingegend! Doch wenn die Erwachsenen feierten, war der Tag für Johanna meistens gelaufen. Dann schlief sie bereits mit ihren Geschwistern im oberen Stock.

Eine schwere Zeit

Das neue Jahrhundert begann für die junge Johanna alles andere als gut. Erst starb der Vater mit 46 Jahren, und die Mutter stand, erst 38 Jahre alt, mit ihren acht Kindern alleine da. Dann kamen die beiden Brüder Ludwig und Hermann nicht mehr aus dem Ersten Weltkrieg heim. Sie waren in Frankreich gefallen. Für Johanna brach eine schwere Zeit an. Sie war jetzt das älteste Kind und musste die Arbeiten in der Landwirtschaft übernehmen.

Zum Glück hatte sie oft zugesehen, wie die beiden Kühe angeschirrt und eingespannt wurden und wie man die Seitenteile des Leiterwagens auf- und abbaute. Eine große Hilfe war ihr dabei die jüngere Schwester Berta. Aber die ging noch zur Schule. Und so musste Johanna oft allein mit dem Fuhrwerk los, musste Mist auf die Felder oder Gülle auf die Wiesen fahren. Kein leichtes Unterfangen auf den holprigen Wegen und bei den kilometerweiten Entfernungen.

Kalt und durchgefroren kam Johanna manchmal von solchen Touren zurück. Und dann musste zuerst das Vieh versorgt werden, bevor sie an sich selber denken konnte. Die beiden Kühe waren das wertvollste Kapital auf dem Hof!

Etwas Verdienst brachten die Heidelbeeren, die »Heiber«. Meistens war es noch Nacht, wenn sich die Mutter mit den ältesten Töchtern Johanna, Berta und Regine zu Fuß auf den Weg hinauf in die Wälder bei Unterstmatt an der Schwarzwaldhochstraße machte. Sie mussten fleißig sein, wenn die Spankörbe bis zum Nachmittag voll werden sollten. Dann ging es schwer beladen den langen Weg wieder zurück.

Wurden die Körbe mal nicht voll, war wohl das »Heibermännle« schuld, das der Sage nach in den Wäldern hauste. Wurde aber ein guter Preis erzielt, gab es auch mal einen Wecken als Belohnung. Da waren die Strapazen vergessen.

Umzug auf den Hohbaum

Das neue Jahrhundert hatte das zweite Jahrzehnt noch nicht vollendet, als Johanna ihren Alois aus dem Nachbarort Waldmatt heiratete. Die Mutter sah das gar nicht gern, denn mit Johanna verlor sie ihre wertvollste Arbeitskraft. Aber wo sollte das junge Paar wohnen? Auf dem freien Markt waren nach dem Krieg keine Wohnungen zu finden.

Da schien es wie eine Fügung zu sein, dass in einem anderen Zipfel des weit verstreuten Ortes ein Altbauer starb, der ein Anwesen hinterließ, das die Erben veräußern wollten. Das war eine Möglichkeit für die junge Familie, eine eigene Existenz aufzubauen. Und so zog das junge Paar in ein Bauernhaus auf dem Hohbaum.

Johanna hatte von daheim etwas Feld geerbt. Die Geschwister hatten Lose gezogen, wie es damals in der Gegend üblich war. Jedes Kind bekam eine Wiese, einen Acker und ein Rebstück. Johanna hatte die »Landmatte« gezogen, weit draußen hinter der Eisenbahnstrecke, den »Danngrabenacker« in der Nähe ihres Elternhauses und ein Rebstück am »Reiler Berg«. Von ihrer Schwester Regine, die nach ihrer Heirat wegzog, hatte sie noch mit dem »Eberstück« einen weiteren Acker auf dem Klotzberg dazugekauft.

Die Anfangsjahre waren für die junge Familie alles andere als einfach. Damit das Geld einigermaßen reichte, musste das obere Stockwerk im umgebauten Haus vermietet werden und Alois zusätzlich in einer Metallfabrik arbeiten. Und dann kam auch noch der rapide Werteverfall des Geldes in den Zwanzigerjahren. Kostete das Kilo Brot im Januar noch 250 Mark, waren es im Dezember bereits 399 Milliarden Mark.

Doch Not schweißt auch zusammen. Jetzt hieß es eben noch mehr arbeiten, noch mehr sparen. Zum Glück war auch die Inflation bald überwunden, das erarbeitete Geld wieder etwas wert. Und fleißig waren sie, die Johanna und der Alois. Das mussten selbst die Nachbarn anerkennen, für die die jungen Leute anfangs nur »Reingeschmeckte« waren, obwohl sie aus einem anderen Zipfel der gleichen Ortschaft kamen. So waren halt die Zeiten!

Schienenbus am Bahnhof Schramberg.

In den Ferien bei Oma und Opa

Bei Oma und Opa in Schramberg waren die Ferien immer ganz toll. Bei zusammen sechs Geschwistern zu Hause bedeutete diese Zeit etwas ganz Besonderes: Mal ganz alleine weg zu sein und von den Großeltern mit Dingen verwöhnt zu werden, die es im kinderreichen Haushalt daheim nicht gab. Zu diesen Besonderheiten gehörten auch die weiten Wanderungen, die am Wochenende fast bei jedem Wetter unternommen wurden und immer mit einer Einkehr in einem Wirtshaus verbunden waren. So was hätten sich die Eltern finanziell nicht leisten können.

Zwetschgen an Schwarzwaldtannen

Bei den Wanderungen lief Opa meistens etwas voraus, denn er hatte einen flotten Schritt drauf. Die ganze Woche über saß er im Büro und war froh, wenn er sich mal an der frischen Luft bewegen konnte. Oma war etwas bedächtiger unterwegs. Ihre Augen schweiften stets in der Gegend umher. Vielleicht war irgendetwas zu entdecken, was sie im Haushalt verwerten konnte. Beeren zum Beispiel, je nach Jahreszeit Walderdbeeren, Himbeeren, Brombeeren, Heidelbeeren oder Preiselbeeren, manchmal auch Hagebutten. Alle Früchte eigneten sich bestens für Marmelade. Ihr Vorrat im Keller konnte nicht groß genug sein!

Für alle Fälle hatte Oma immer genügend Taschen und Beutel dabei. Beim Pflücken half ich fleißig mit. Allerdings wanderten die schönsten Beeren meistens in meinen Mund. Was versorgt ist, muss ich nicht mehr nach Hause tragen, sagte ich mir.

Nichts war vor Omas Zugriff sicher. Plötzlich schrie sie dann noch: »Schau doch, die vielen Moggele, ach Gott, so viele schöne Moggele!« Es waren Kiefernzapfen, die sie auf dem Waldboden entdeckt hatte. Schon stürzte sie sich auf sie und verstaute sie in einer der Taschen. »Wieder eine Ofenfüllung für den Winter«, erklärte sie mir stolz.

Und dann erblickte ich etwas, das selbst Oma zum Staunen brachte. An einigen Schwarzwaldtannen hingen blaue Früchte. So etwas hatte ich noch nie gesehen und Oma wahrscheinlich auch nicht. Seit wann wuchsen an Tannen Früchte, die wie Bühler Frühzwetschgen aus meiner Heimat aussahen? Schnell lief ich hin und pflückte, was ich fand. Und dann schmeckten sie auch noch genauso wie das Obst, das ich kannte!

»Na, das hast du wohl nicht gedacht, dass im Schwarzwald Zwetschgen an den Tannen wachsen«, sagte Opa.

Ich war verblüfft. Gab es das wirklich? Als ich aber in Opas Gesicht ein leichtes Grinsen zu sehen glaubte, war ich mir da nicht mehr so sicher.

Sollte vielleicht Opa diesem »Wunder« etwas nachgeholfen haben?

Nudeln in der Suppe

Der krönende Abschluss bei den Wanderungen mit Opa war wie erwähnt die Einkehr ins Wirtshaus. Damals gab es, vor allem in den ländlichen Gegenden, noch einige Gasthäuser, in denen es durchaus üblich war, dass die Wanderer das Vesper aus ihrem Rucksack aßen und nur ein Getränk dazu bestellten. Opa trank meistens ein Bier oder einen Most. Ich bekam eine Limonade mit Orangengeschmack, was es bei uns zu Hause nie gab. Da war meistens Tee oder Wasser angesagt.

Viele Wirtsleute auf dem Land hatten zu der Zeit noch Landwirtschaft und betrieben die Gaststube nur nebenbei. Da konnte es durchaus vorkommen, dass in einer Gartenwirtschaft die Hühner unter dem Tisch der vespernden Wanderer umherliefen und munter aufpickten, was zu Boden fiel. Einmal erlebten wir das sogar in einer Gaststube drinnen, als die Tür offen stand.

Wenn Oma dabei war, gingen wir manchmal in ein Speiselokal. Oma bestellte da meistens eine Nudelsuppe als Vorspeise. Nudelsuppe mochte sie am liebsten, feine Suppennudeln in einer kräftigen Rinder- oder Hühnerbrühe. Der Kellner stellte den Teller mit der dampfenden Suppe vor Oma hin und wünschte einen guten Appetit. Doch Oma war nicht zufrieden.

»Da sind zu viele Nudeln drin«, reklamierte sie.

Also ging der Teller zurück und wurde durch einen mit weniger Einlage ersetzt. Das konnte Oma erst recht nicht gefallen.

»Da sind ja fast keine Nudeln mehr drin!«, maulte sie jetzt.

Höflich, wie der Ober war, tauschte er den Teller wiederum aus. Diesmal war Oma zufrieden. Opa und ich atmeten auf.

»Aller guten Dinge sind drei!«, sagte er nur und schob ein Stück von seinem Schwarzwälder Schinken in den Mund.

Und ich strahlte, als ich mein Restaurationsbrot vor mir hatte: Viele Wurst- und Käsescheiben auf zwei Brotscheiben, garniert mit Tomaten, Gurken und Radieschen und als Verzierung ein Sträußchen Petersilie. Für mich war es ein Festessen! Und Opa strahlte auch, wenn es dem Bub schmeckte.

Schramberg beim Rathaus.

Beim Zuckerbäck

Die nötigsten Lebensmittel konnte Oma in der Nähe einkaufen. Direkt nebenan war ein kleiner Lebensmittelladen, dann ein Haus weiter eine Bäckerei. Der »Zuckerbäck«, wie Opa den Laden getauft hatte. Das kam daher, dass Oma des Öfteren einen »Schwäbischen Pfitzauf« als Mittagessen auf den Tisch brachte, eine Süßspeise, die sie daheim zubereitete und beim Zuckerbäck backen ließ.

Diesen sehr luftigen Eierkuchenteig füllte sie in spezielle Pfitzauf-Formen aus feuerfester Keramik. Das Backen war sehr heikel. Wenn man nicht aufpasste, fiel das luftige Gebäck in sich zusammen. Deshalb überließ Oma diese Aufgabe lieber dem Fachmann. Beim Zuckerbäck hatte Omas Leibspeise immer eine schöne goldbraune Farbe. Dazu gab es dann Kompott oder selbst eingemachtes Obst aus Omas Vorräten wie Kirschen oder Zwetschgen.

Als meine Schwester Marianne einmal bei Oma und Opa in den Ferien war, wollte Oma in der Stadt einige Besorgungen machen. Marianne zog es aber vor, dazubleiben und draußen mit den Kindern aus der Nachbarschaft ausgiebig zu spielen.

»Du kannst dir was vom Bäcker holen, wenn du Hunger hast«, meinte Oma noch, bevor sie ging. »Die Bäckersfrau weiß Bescheid.«

Das hätte sie vielleicht lieber nicht sagen sollen. Denn jedes Mal, wenn Marianne mit ihrem hölzernen Roller, dessen Besonderheit ein verstellbarer Richtungsanzeiger war, die Straße hinuntersauste und am Bäckerladen vorbeikam, lehnte sie das Fahrzeug an die Hauswand, ging hinein und versorgte sich mit allerlei Leckereien.

»Oma zahlt's«, sagte sie nur und strahlte die Bäckersfrau entwaffnend an.

Und da beim Zuckerbäck kein Mangel an leckeren Sachen herrschte, versorgte das Mädchen auch die immer zahlreicher werdenden Freundinnen draußen vor dem Laden.

Oma traf fast der Schlag, als sie die Rechnung sah. Dem Kind muss es ja speiübel sein bei dem riesigen Verzehr, dachte sie besorgt. Doch Marianne sauste quietschvergnügt mit dem Roller durch die Straße und eine ganze Meute lustiger und schleckender Kinder hinterher. Oma ahnte jetzt die Ursache der hohen Rechnung.

»Der Mensch lernt nie aus!«, murmelte sie nur vor sich hin und schüttelte den Kopf.

Eine schreckliche Vision

Oma war sehr reinlich, und vom Putzen hielt sie viel. Wenn sie nur ein paar Stäubchen auf den Möbeln entdeckte, wurde gleich die komplette Einrichtung einer Generalreinigung unterzogen. In der Wohnung waren in der Zeit in allen Zimmern noch Öfen, die mit Holz, Kohlen und Briketts geheizt wurden. Da mussten auch ab und zu die Ofenrohre vom Ruß befreit werden. Opa gab sich immer große Mühe, dass möglichst wenig davon im Zimmer landete. Sonst konnte es vorkommen, dass Oma den Maler bestellte und Decken und Wände neu streichen ließ.

Als ich in den Ferien mal wieder zu Besuch war, hatte Opa ein paar Tage Urlaub genommen, was sonst selten vorkam. Er hatte vor, mit mir einige Wanderungen zu unternehmen. Ausgerechnet jetzt musste es regnen. Es schien, als ob sich alle Schleusen des Himmels geöffnet hätten. An Wandern war nicht zu denken. Was tun?

Oma wusste gleich ein Geschäft für uns. Die Bühne musste mal wieder aufgeräumt und gereinigt werden. Wir sagten daheim zwar Speicher dazu, aber mir war klar, was sie meinte. Weder Opa noch ich hatten große Lust dazu, aber Oma ließ uns keine Wahl. Was blieb uns anderes übrig? Wir taten ihr den Gefallen und unterwarfen uns ihrem Kommando.

Beim Aufräumen fiel ihr ein großes Kruzifix in die Hände, das schon seit Jahren hier oben lag und viel Platz beanspruchte. Sie beschloss, es meiner Familie zu vererben. Ich sollte es am Ferienende mit nach Hause nehmen. Opa wurde beauftragt, das kostbare Stück zu verpacken. Mich überkam eine heillose Angst, als ich das Monstrum betrachtete. In einer schrecklichen Vision sah ich mich in den Zug steigen mit dem riesigen Holzkreuz auf der Schulter wie Jesus auf dem Weg zum Berg Golgatha, und eine große Traurigkeit überfiel mich.

Als Opa meine Tränen sah, packte er alles wieder aus, strich mir über den Kopf und tröstete mich. »Gell, Bub, das ist doch zu schwer für dich!«, meinte er.

Da war ich mit einem Schlag wieder froh und lebte dem Ferienende unbeschwert entgegen. Dieser Kelch war an mir vorübergegangen.

Winterferien in Schramberg.

Opas alte Eisenbahn

Märklin-Eisenbahnen gibt es heute noch. Ganz moderne mit digitaler Steuerung. Opa hatte noch eine uralte Version dieser Spielzeugeisenbahn aus den Jahren, als Blechspielzeuge modern waren. Sie war elektrisch und lief noch einwandfrei. Und da in der großen Schachtel auf dem Speicher genug Schienen und Weichen waren, nahm der Aufbau den Fußboden des gesamten Wohnzimmers in Beschlag.

Oma sah das nicht so gerne. Für sie war das nichts als Unordnung, die für sie wieder in Putzen ausarten würde. Aber schließlich waren ja Ferien, und da drückte sie schon mal ein Auge zu, egal welches der Enkelkinder gerade da war.

Die Schienen waren breit, die Lok und die Waggons groß, mein Bruder Wilfried und ich lagen auf dem Boden, beluden die Güterwagen und ließen sie hinter der roten Blechlok und dem Tender durch das Zimmer schnurren.

Opa hatte seine helle Freude, wenn er sah, mit welchem Eifer wir Tunnel bauten, Weichen stellten und Schaffner spielten. Bestimmt dachte er dann an die Zeit zurück, als unser Vater noch als Kind damit spielte. Für ihn hatte er damals die Eisenbahn gekauft, die jetzt die Enkel beschäftigte.

Aus Papas Erzählungen wussten wir, dass es nicht seine erste Eisenbahn war, mit der wir Kinder jetzt spielten. Vorher lag schon einmal ein Exemplar unter dem Weihnachtsbaum. Jene Lok lief noch nicht mit Strom. Bei ihr waren Heizerqualitäten gefragt.

Wie bei den alten Lokomotiven der Schwarzwaldbahn hatte diese Lok einen Dampfkessel, der, richtig beheizt, die

Räder auf den Schienen in Bewegung brachte und die Waggons hinter sich herzog. Je mehr Dampf im Kessel war, desto schneller drehte der Zug seine Runden.

Und wie es manchmal so ist, gelangt man, ehe man sichs versieht, in einen unwiderstehlichen Geschwindigkeitsrausch. Der Bub sollte ja Spaß an seinem Geschenk haben. Also heizte Opa so gewaltig, dass der Dampfkessel zu vibrieren begann. Das musste eine neue Rekordfahrt werden! Tatsächlich sauste die Lok los, als ob der Teufel hinter ihr her wäre. Sein Sohn klatschte und jauchzte vor Begeisterung.

Plötzlich tat es einen gewaltigen Schlag, und das Geschoss flog dem entgeisterten Publikum um die Ohren. Der Kessel war geplatzt.

Kein Wunder, dass Oma seither skeptisch war, wenn im Wohnzimmer eine Eisenbahn ratterte, auch wenn sie jetzt mit Strom lief!

Volldampf voraus Richtung Schramberg.

Omas letzter Zehnmarkschein

Großes Glück schien Oma mit Geld zu haben. Eines Morgens zeigte sie mir einen Zehnmarkschein und behauptete, dass es ihr letzter sei. Dann ging sie einkaufen. Am nächsten Tag die gleiche Prozedur. Wieder war es ihr letzter Geldschein. Ich dachte, wie gut es ist, immer einen letzten Zehnmarkschein zu haben. Da geht das Geld nie aus!

Als Oma wieder einmal mit ihrem letzten Geldschein einkaufen war, klingelte es. Opa war zu der Zeit bereits in Rente und öffnete die Wohnungstür im dritten Stockwerk. Eine wohlbeleibte Frau mit einem Henkelkorb am Arm stand draußen. Opa kannte sie nicht und witterte eine Hausiererin in der fremden Person.

»Was ist?«, polterte er los.

Die Frau fuhr erschrocken zusammen und fing an zu stottern, was sonst nicht ihre Art war: »Ich will, ich wollte, ich habe ...«

»Was ist?«, fuhr sie Opa noch einmal unwirsch an.

Und schon trat die eingeschüchterte Person den Rückzug an. Stufe um Stufe ging sie rückwärts die Treppe hinab, als ob sie einen Angriff fürchtete. Dann drehte sie sich blitzschnell um und nahm flugs die letzten Stufen, ängstlich den Korb an sich drückend. Kurz darauf knallte die Tür.

»Die sind wir los, die klingelt so schnell nicht wieder«, sagte Opa.

Er sah mich an, zwinkerte mir lächelnd zu und sagte dann: »Hast du gesehen? So hält man sich unerwünschte Hausierer vom Hals.«

Mit sich zufrieden setzte er sich im Wohnzimmer an seinen Schreibtisch, öffnete das Spiegeltürchen und nahm einen kräftigen Schluck aus dem Kognakfläschchen, das er dort heimlich deponiert hatte. Als Oma ihren letzten Zehnmarkschein verprasst hatte und wieder heimkam, war ihre erste Frage, ob die Butterfrau inzwischen da gewesen sei. Sie hatte nämlich bei einer Bäuerin, die ab und zu in der Stadt Butter aus eigener Herstellung verkaufte, ein Pfund dieses Milchprodukts bestellt.

Opa schüttelte den Kopf und meinte: »Es war nur eine Hausiererin da. Der habe ich aber Beine gemacht. Die kommt nicht so schnell wieder!«

Ich war mir jetzt nicht mehr so sicher, ob die fremde Person wirklich eine Hausiererin war. Opa wahrscheinlich auch, aber wir behielten das für uns. Und Oma? Sie wird es wohl irgendwann von der Butterfrau erfahren haben.

Der Marktschreier im »Bären«

Im Saal des Gasthofes »Bären« fand eine Werbeveranstaltung statt. Oma ließ keine derartige Veranstaltung aus. Auch wenn sie nichts kaufte, gab es immer ein Werbegeschenk, das sie behalten durfte. Dieses Mal wurde ein Fernglas versprochen. Also gingen Opa und ich mit. Ein Fernglas für den Buben sei der Abend wert, war Opas Begründung, denn sonst hielt er nichts von derartigen Versammlungen.

Der Handelsvertreter auf der Bühne legte sich voll ins Zeug. Er pries seine Ware in den höchsten Tönen an. Sie sollte ja auch verkauft werden. Er redete und redete, als ginge es um Kopf und Kragen. Mit der Zeit rutschte Opa auf seinem Sitz immer unruhiger hin und her und bruddelte vor sich hin: »Schwätzer, elender, mach endlich Feierabend!«

Als ob er das gehört hätte, hielt der Marktschreier in seinem Redeschwall plötzlich inne. Wahrscheinlich wollte er nur mal kurz Luft holen, um danach umso eifriger seine Werbetrommel zu rühren. Dazu kam er aber nicht mehr. Opa sprang auf und klatschte so laut, dass der ganze Saal mitklatschte. Und da Opa nicht aufhörte, wollte der Beifall kein Ende nehmen.

Der Werbeagent auf der Bühne blickte zuerst verdutzt, war dann aber von den Ovationen des Publikums überwältigt und machte eine Verbeugung nach der anderen. Solch einen Beifallssturm hatte er noch nie erlebt. Er musste heute besonders gut gewesen sein, dachte er bei sich. Wie hätte er auch ahnen können, dass Opa nur so laut geklatscht hatte, weil der Marktschreier endlich mal seinen Redeschwall unterbrochen hatte.

Und dann bekam ich endlich mein Fernglas made in Hongkong. Ich konnte es kaum erwarten, bis es am nächsten Morgen draußen hell wurde. Bei den ersten Sonnenstrahlen stand ich am Fenster, vor Freude über meine neue Errungenschaft zitternd. Opa war auch schon aufgestanden und wollte ebenfalls einmal durchschauen. Er zitterte ebenfalls, aber vor Wut. Man konnte an diesem Blechkasten drehen, wie man wollte, man sah nur farbige Ränder und eine ganz verschwommene Landschaft.

»So eine Saubande, so eine Bankrottfirma!«, schimpfte Opa. »Billigster Schrott! Diesem Schreihals hätte ich gestern Abend anders klatschen sollen!«

Opa ereiferte sich so, dass Oma aus dem Bett fuhr und plötzlich im Zimmer stand.

»Ist dem Bub was passiert?«, fragte sie besorgt.

Sie war froh, dass die ganze Aufregung nur dem Fernglas galt. Aber auch sie konnte dem lausigen Werbegeschenk keine bessere Sicht entlocken.

»Ich mache uns ein leckeres Frühstück«, sagte sie schließlich. »Dann sieht die Welt wieder schöner aus.«

Oma hatte Recht. Ihr gutes Frühstück brachte unsere Welt wieder in Ordnung.

Park-Hotel (ehem. Villa Junghans) in den 50er-Jahren.

Omas besonderer Kaffee

Oma hatte ihre eigene Art, Kaffee zu kochen. Während bei uns zu Hause Linde's Kornkaffee aus Gerstenmalz, Gerste, Roggen und Zichorie aufgebrüht wurde, gab es bei Oma bereits herrlich duftenden Bohnenkaffee. Allein schon ihre Art der Zubereitung war sehenswert.

Zuerst füllte sie die Kaffeemühle mit den braunen Bohnen, die dann durch Drehen der Kurbel gemahlen wurden. Dabei saß Oma auf einem Küchenstuhl und klemmte das hölzerne Gerät zwischen die Oberschenkel. Das Pulver schüttete sie dann in die Kaffeekanne und goss es mit kochendem Wasser auf. Nach kurzer Ruhezeit konnte das duftende Getränk in die Tassen gefüllt werden. Ein feines Sieb hielt den Kaffeesatz zurück.

Dieser blieb dann in der Kanne drin, beim nächsten Mal kam neues Pulver dazu und wurde wiederum aufgebrüht. Diese Prozedur ging so lange, bis nach Tagen in der Kanne mehr Satz als Kaffee war. Dann ging die Zeremonie von vorne los.

Das Mahlen mit der Kaffeemühle interessierte mich besonders. Das wollte ich unbedingt auch einmal ausprobieren. Ich hatte es bei Oma genau abgeschaut. Also klemmte ich das Gerät zwischen meine Oberschenkel und fing an, die Kurbel zu drehen. Anfangs ging alles gut. Stolz sah ich Oma an. Plötzlich entfuhr mir ein fürchterlicher Schrei. Was war geschehen? Im Gegensatz zu Oma hatte ich kurze Hosen an und mich mit dem Mahlgerät in die nackten Oberschenkel gezwickt. Oma schien so etwas befürchtet zu haben, wie ihr wissender Blick verriet.

»Es ist noch kein Meister vom Himmel gefallen«, meinte Oma. »Bis du mal heiratest, hast du den Dreh raus!« Das war ein schwacher Trost.

Für mich war zu der Zeit der Kaffee nicht das Wichtigste beim Frühstück. Eine heiße Milch war mir da viel lieber. Was mir aber besonders gut schmeckte, waren die Brezeln, die ich beim Zuckerbäck nebenan zum Frühstück einkaufen durfte. Oma wollte immer besonders rösche Exemplare.

Dick mit Butter bestrichen, waren sie einfach köstlich, zumal ich solch ein leckeres Gebäck von zu Hause nicht kannte. Auch die Brötchen mit Omas selbst eingekochter Marmelade schmeckten gut. Aber Marmelade kannte ich von daheim zur Genüge, während es Butterbrezeln so gut wie nie gab.

Vom Winde verweht

Opa war als Kaufmann bei einer großen Uhrenfirma angestellt. Die geschäftlichen Kontakte mit dem In- und Ausland wurden in jener Zeit telefonisch oder mit lebhaftem Briefverkehr gepflegt. So blieb es nicht aus, dass auf Opas Schreibtisch viele Postsendungen landeten. Nicht uninteressant waren dabei die Briefmarken aus aller Herren Länder. Für den Papierkorb waren sie zu schade, und so begann Opa, sie großflächig mit Stempeldruck auszuschneiden und zu sammeln. Es waren ja genug Enkelkinder da, die Interesse zeigten.

Mein älterer Bruder Wilfried wusste genau Bescheid, wie man die Marken unbeschädigt vom Papier ablöst und für das Einsortieren in die Alben vorbereitet. Von Opa hatte er dazu die notwendigen Utensilien bekommen. Dazu gehörten eine große Lupe, eine spezielle Pinzette und Löschpapier.

Auch in den Ferien gibt es ab und zu Regentage.

»Ich habe wieder eine Schachtel mit tollen Briefmarken im Schreibtisch«, sagte Opa an einem solchen Tag. »Die könnt ihr haben, wenn ihr wollt.«

Natürlich wollten wir. Nach dem Frühstück holte Oma aus der Küche eine Schüssel mit warmem und eine mit kaltem Wasser, dann konnten Wilfried und ich mit dem Werk beginnen. Ich durfte die Marken ins warme Wasser legen. Wenn sie sich vom Papier gelöst hatten, rieb Wilfried sie sachte ab und beförderte sie ins kalte Wasserbad. Danach wurden sie mithilfe der Pinzette auf Löschpapiere und diese dann zwischen Zeitungsblätter gelegt. Das Ganze beschwerten wir mit dicken Büchern, damit die Marken beim Trocknen schön glatt blieben.

Langweilig wurde es uns dabei nicht. Wir fühlten uns eher wie Weltreisende, wenn wir auf den Marken Namen wie Brasil, Danmark, France, Nederland oder Polska lasen. Es war nicht schwer zu erraten, dass es sich dabei um die Länder Brasilien, Dänemark, Frankreich, die Niederlande und Polen handelte. Schwieriger war es bei Namen wie Eesti, Suomi, Eire, Norge oder Sverige. Zum Glück kannte sich Opa aus. Er verriet uns, dass diese Marken aus Estland, Finnland, Irland, Norwegen und Schweden kamen.

Über Nacht blieben alle diese unbekannten Länder unter den dicken Büchern verschwunden. Am nächsten Morgen kam dann der ersehnte große Augenblick. Als Oma mit dem Frühstücksgeschirr in der Küche verschwunden war, packte Opa die schweren Bücher und stellte sie wieder ins Buchregal zurück. Ich schlug vorsichtig die Blätter der Zeitungen auf, und Wilfried legte mit der Pinzette die trockenen Briefmarken auf den Tisch.

Zufrieden sahen wir unser Werk an. Da passierte das Unfassbare! Oma kam herein. Sie musste das Küchenfenster offen gelassen haben, denn ein gewaltiger Windstoß folgte ihr und wehte die Marken in alle Richtungen.

»Ums tausig Gotts wille!«, rief sie erschrocken, als sie die Bescherung sah.

»Jetzt ist die ganze Welt durcheinander«, seufzte Opa und genehmigte sich einen Schluck Kognak aus seinem Spiegeltürchen am Schreibtisch zur Beruhigung.

»Wir bringen sie wieder in Ordnung«, sagte Wilfried und begann mit dem Auflesen.

Beim Einsammeln meinte ich: »Gell, Opa, jetzt sind wir richtige Briefmarkensammler!«

Da konnten alle wieder lachen.

Opas Gesangskünste

Der Gesang war nicht gerade Opas Stärke. Die ganze Woche über arbeitete er in der Uhrenfabrik. Am Sonntag in der Kirche war er während der Messe in sein Gebetbuch vertieft, ein winziges Büchlein dank der Stenoschrift mit den vielen Kürzeln. Von Stenografie hatte ich damals noch keine Ahnung. Diese Kurzschrift erlernte ich erst viel später. Aber ich nahm zu Opas Gunsten an, dass es Gebete waren, in die er da blickte. In seiner Jugendzeit hätte das bestimmt auch eine weniger fromme Lektüre sein können, wie er mir einmal verriet.

Opa sang auch in keinem Chor mit, obwohl sein Vater Dirigent des Kirchenchors in Neustadt gewesen war. Oder vielleicht gerade deshalb? Wenn Opa mal Zeit hatte, las er lieber in den Büchern des Pfarrers und Schriftstellers Heinrich Hansjakob, den er verehrte. Er kannte alle seine Schriften und hatte ein Bild von ihm über seinem Schreibtisch im Wohnzimmer hängen. Und einige Male konnte ich Opa beobachten, wie er dem Mann mit dem breitkrempigen Hut zuzwinkerte, während er das Spiegeltürchen öffnete und sich einen kleinen Schluck aus dem Kognakfläschchen gönnte, wenn Oma nicht da war.

Zur Entspannung hörte sich Opa auch ab und zu mal Musik aus seiner Plattensammlung an. Es waren fast immer die gleichen Schellackplatten, die auf dem Plattenspieler in der Musiktruhe mit 78er-Umdrehung und hörbarem Rauschen abgespielt wurden. Aus der Klassik hörte Opa meistens Arien des damals sehr berühmten Baritons Heinrich Schlusnus: »Hat dein heimatliches Land keinen Reiz für deinen Sinn« aus Verdis Oper »La Traviata«, »Ihres Auges himmlisch Strahlen« aus der Verdi-Oper »Der Troubadour« und »Nun ist's vollbracht, du kehrst zur Heimat wieder«, der »Schwanengesang« aus der Oper »Undine« von Albert Lortzing.

Bei dieser Musik hörte Opa nur andächtig zu und wollte dabei nicht gestört werden. Doch wenn er die Platte mit dem Schubertlied »Im Abendrot« auflegte, sang er mit dem Interpreten, dem Tenor Karl Erb, im tiefsten Bass mit: »O wie schön ist deine Welt, Vater, wenn sie golden strahlet!«

Auch eine Single-Platte befand sich in Opas Archiv. Auf der A-Seite war Lolita mit dem damals sehr bekannten Schlager »Seemann, deine Heimat ist das Meer« zu hören.

Dabei sang Opa nicht mit, aber er strahlte übers ganze Gesicht, die hübsche Sängerin Lolita hatte er ins Herz geschlossen. Vielleicht träumte er von der weiten Welt, auch wenn sie sang: »Seemann, lass das Träumen, denk nicht an zu Haus ...«? Oder träumte er von der schönen Sängerin? Wer weiß ...

Bahnhof Schramberg in den 50er-Jahren.

Opas Lausbubenstreiche

Opa scheint bereits in seiner Kinder- und Jugendzeit ein aufgewecktes Bürschchen gewesen zu sein, das es faustdick hinter den Ohren hatte. 1891 im Schwarzwaldstädtchen Neustadt als fünftes von sechs Kindern des Uhrmachers und Landwirts Leopold und seiner Frau Karoline geboren, fiel er schon als Kind auf, wenn er in seinem kurzen Röckchen den Hirschenbuckel hinabhüpfte. Zur größeren Gaudi hob er bei seinen Sprüngen öfter den Rock hoch. Das wäre nicht weiter schlimm gewesen, hätte sich darunter noch eine Unterhose befunden. Bevor Robert in die Schule kam, wurde dem Knaben deshalb eine erste Hose angefertigt, was ihn anfangs in seiner gewohnten Freiheit ziemlich einengte. Aber mit der Zeit gewöhnte er sich daran und kam sich dann irgendwie männlicher vor, zu neuen, größeren Taten befähigt.

Wenn ich in den Ferien zu Besuch war, freute ich mich immer, wenn Opa seine Lieblingsplatte »Im Abendrot« von Franz Schubert auflegte und innerlich ergriffen mitsang. Beim Schlussvers »Und dies Herz, eh es zusammenbricht, trinkt noch Glut und schlürft noch Licht«, wischte er sich jedes Mal eine Träne von der Nase. Oma war von Opas Sangeskünsten nicht so erbaut und sagte immer nur: »O Vatter, sei au still!« Mir gefiel Opas Gesang, denn ich wusste, nachher erzählte er immer, um seine melancholische Stimmung loszuwerden, einige seiner lustigen Lausbubenstreiche. Ich lauschte gebannt, denn Opa hatte ein großartiges Talent, die Erlebnisse seiner

Jugendzeit spannend zu erzählen. Und dass sich die Geschichten so zugetragen hatten, daran hatte ich nie Zweifel. Es kam bestimmt nicht von ungefähr, dass im Zeugnis des Knaben Robert unter »Betragen« zu lesen war: »Nicht zu beschreiben«.

Wie Robert ein langweiliges Sängerfest interessant machte

Der in der Stadt angesehene Männergesangverein feierte ein Jubiläum. Robert stand in seinen neuen Hosen mit den Geschwistern zwischen Vater und Mutter, die ehrfurchtsvoll das Geschehen auf der Holzbühne unter freiem Himmel verfolgten. Auf einem etwas erhöhten Podest saßen die ehrwürdigen Herren des Festkomitees, umgeben von stattlichen Festjungfern mit Blumenkränzen im Haar.

»Guck mal, was die für rote Köpfe haben!«, flüsterte Oskar.

»Wer hat rote Köpfe?«, wollte Marie wissen.

»Na, wer schon! Die Männer in den Fräcken da vorne!«, klärte sie Wilhelm auf.

»Die sind bestimmt arg aufgeregt«, meinte Marie. Sie konnte sich das gut vorstellen.

Doch Robert hatte eine andere Erklärung parat. »Ach was, denen spannen nur die dicken Bäuche in ihren engen Hosen«, verkündete er so laut, dass es alle Umstehenden hören konnten.

»Ruhe!«, gebot der Vater, streng auf sein halbes Dutzend Nachkommen blickend.

So musste sich Robert wohl oder übel den stimmlichen Verrenkungen der Sänger auf der Bühne zuwenden, die vom trauten Dörflein sangen, das irgendwo zu Ende geht, vom klarblauen Himmel, der heute so schön sei, was ja auch stimmte, wenn man nach oben schaute, und schließlich die sinnige Weise anstimmten: »Nun leb wohl, du kleine Gasse ...«

Das war für den gelangweilten Knaben der Zeitpunkt, sich leise davonzustehlen. Robert zwinkerte seinem Spezi, dem Säger-Karle, der mit seinem Onkel in der Nähe stand, kurz zu, und flugs waren die beiden in der andächtig lauschenden Menge untergetaucht.

»Was ist?«, fragte der Säger-Karle.

»Nichts ist!«, antwortete Robert mit unschuldiger Miene. »Langweilig ist's!«

Und sie beschlossen, sich interessanteren Dingen zuzuwenden. Robert hatte auch schon eine Idee.

»Wir werden uns mal den Kletterbaum ansehen«, schlug er vor.

Der Säger-Karle war sofort begeistert.

Damals war auf derartigen Festen der Kletterbaum die Hauptattraktion für die Jugend. In luftiger Höhe baumelte an einem Kranz aus Tannenreisig so ziemlich alles, was Kinderherzen begehrten: Spielsachen, Bastelartikel, Würste, Süßigkeiten und vieles mehr. Die Tücke des Objekts war aber die Schmierseife am Stamm, die das Hochklettern erschwerte.

Staunend standen die beiden Knaben davor. Es war zu dumm, dass die Freigabe für die ersten Kletterversuche erst nach dem offiziellen Programm erfolgen sollte.

»Das kann ja noch lange dauern!«, seufzte der Säger-Karle und blickte sehnsüchtig nach oben. »Vielleicht ist das Beste weg, bis wir an der Reihe sind.«

Robert beschloss zu handeln. »Pass auf, dass keiner kommt!«, befahl er seinem Spezi, zog seine Holzpantoffeln aus und fing an, den verlockenden Habseligkeiten näherzurücken. Ein geschickter Kletterer war er, und so erreichte er trotz der hinderlichen Seife den Siegerkranz.

»Pass auf!«, schrie er nach unten, »ich werf die Sachen runter.«

Der Säger-Karle war nicht faul und fing auf, was er erwischen konnte.

»Jetzt nichts wie weg!«, rief er, als Robert wieder sicheren Boden unter den Füßen hatte.

Ein paar Alibipreise baumelten noch am vorher prächtig behangenen Kranz, aber die Würste und Süßigkeiten hatten zum großen Teil ihre neuen Besitzer gefunden.

Als die offiziellen Reden und Gesänge auf der Bühne zu Ende waren und die Jugend endlich dem Kletterbaum zustreben durfte, war die Verwunderung groß. Was für ein kläglich bestückter Baum war das in diesem Jahr! Die Männer des Festkomitees waren bestürzt und wunderten sich über die plötzliche Schwindsucht der ursprünglichen Attraktion.

Auch zwei Mütter in der Stadt wunderten sich, dass ihre beiden Sprösslinge ein paar Tage lang nicht den gewohnten Appetit entwickelten.

»Sie werden doch nicht krank werden?«, fragten sie sich sorgenvoll.

Familientreffen auf der Weide.

Wie Robert und seine Brüder die Marktfrau überlisteten

Zum Wochenmarkt kam öfter die Bäuerin vom Sonnenhof mit ihrem Marktkarren voller Äpfel in die Stadt. Da ihre Obstbäume am Südhang standen, hatte sie die schönsten Früchte feilzubieten. Robert, dessen elterliches Anwesen am schattigen Nordhang lag, kannte nur die sauren Äpfel von daheim, die sich bestenfalls, mit Zuckerbirnen angereichert, zum Mosten eigneten.

Jedes Mal, wenn Robert über den Markt lief und die verlockenden Äpfel der Sonnenhofbäuerin erblickte, lief ihm das Wasser im Mund zusammen. Wie gern hätte er wenigstens mal einen davon probiert! Aber ohne Geld gab es auch in der damaligen Zeit nichts zu gewinnen. Er konnte in seinen Hosentaschen kramen, soviel er wollte, außer einer zerfransten Schnur, einer verrosteten Schraube und einem kleinen Taschenspiegel kam nichts Brauchbares zum Vorschein. Für ihn waren es zwar persönliche Schätze. Aber die Marktfrau konnte er damit nicht erweichen. Sie wollte Geld als Gegenwert, und das hatte Robert nicht.

Aber an Ideen fehlte es dem Bürschchen zum Glück nie. Und bald hatte er einen Schlachtplan ausgeklügelt, bei dem er zwei seiner Brüder als Helfer brauchte. Oskar und Wilhelm wurden also in den Plan eingeweiht.

Scheinheilig schlenderten Roberts Brüder zum Karren der Bäuerin und grüßten die wohlbeleibte Frau freundlich. Fachmännisch betrachteten sie die Ware.

»Das sind aber selten schöne Äpfel!«, stellte Oskar mit Kennermiene fest.

Die Bäuerin schaute interessiert und lächelte den Knaben zu.

»Was kosten denn fünf Pfund von der roten Sorte?«, fragte Wilhelm großspurig.

Die ahnungslose Frau witterte ein Geschäft.

»Habt ihr denn so viel Geld dabei?«, säuselte sie.

Umständlich kramte Wilhelm in seinen Hosentaschen herum. Auch Oskar suchte in den seinen und klimperte verheißungsvoll mit den Kieselsteinen, die er eingesteckt hatte.

Aber das wusste die Bäuerin natürlich nicht. Erwartungsvoll sah sie die beiden an.

Plötzlich geschah das Unfassbare! Mit einem Ruck setzte sich der Karren mit den Äpfeln in Bewegung und polterte die steile Hirschgasse hinab. Die Bäuerin lief rot an, die zwei Buben aber liefen lachend davon.

»Ihr Saububen, ihr elenden!«, keifte die vor Zorn bebende Frau und schlug die Hände zusammen, als sie die Bescherung sah.

Jetzt kam Roberts großer Auftritt in diesem Drama. Mutig eilte er hinzu und kam der Marktfrau zu Hilfe, brachte den Karren zum Stehen und sammelte die davongerollten Äpfel ein.

»Vergelt's Gott, Bub!«, schnaufte die geschlagene Geschäftsfrau nach Atem ringend.

»Wo Not am Mann ist, muss man helfen«, sagte Robert. Ein Spruch, den er von seinem Vater gehört hatte.

Die Bäuerin war gerührt. »Nimm dir ein paar Äpfel!«, meinte sie. »Du hast sie dir redlich verdient, mein Junge.«

Das ließ sich Robert nicht zweimal sagen. Flugs steckte er sechs schöne Exemplare ein und stolzierte davon. In einer sicheren Ecke musste er seine Errungenschaft mit den Brüdern teilen. Sie hatten immerhin die Sonnenhofbäuerin erfolgreich abgelenkt, als Robert unbemerkt die Bremsklötze am Wagen entfernte. Und geschmeckt haben die Äpfel! Sie waren ja vom Südhang, von der Sonnenseite des Lebens!

Bauernmädchen in Neustädter Tracht.

Wie Robert einer dürstenden Wiese zu Wasser verhalf

»Dieses Jahr wird die Heuernte gut ausfallen«, sagte der Talhofbauer zufrieden. »Wir haben Glück mit dem Wetter.«

Tatsächlich lachte die Sonne schon seit Tagen vom Himmel. Die Wiesen waren gemäht, das Gras trocknete in der warmen Sonne. Sogar die Talwiese mit ihrer schattigen Lage versprach dieses Mal gutes Heu. Wahrscheinlich wäre die Rechnung des Bauern auch aufgegangen, wenn da nicht Robert mal wieder mit seinem Einfallsreichtum ihm in die Quere gekommen wäre.

Mit dem sonnigsten Gemüt schlenderte das Bürschchen den holprigen Weg zur Talwiese hinunter. Arges hatte er heute nicht im Sinn. Das Wetter war einfach zu schön, um irgendwo ein Wässerchen trüben zu können! Froh gelaunt hüpfte er des Weges und kam an einem Bildstöckle der Madonna mit Kind vorbei. Der Blumenstrauß davor war ziemlich verwelkt.

»Ich will ein paar frische Blumen pflücken«, murmelte Robert vor sich hin.

Doch wohin der Knabe auch blickte, nirgends waren Blumen zu entdecken. Jedes Hälmchen lag dahindörrend auf dem Boden. Es sollte ja gutes Heu für den Winter werden. Aber daran dachte Robert nicht. Er sah nur die ausgetrocknete Wiese, auf der nirgends ein Blümchen für einen Strauß zu finden war.

»Du arme Wiese!«, rief er bekümmert, »du musst ja furchtbaren Durst haben.«

Und er beschloss, Abhilfe zu schaffen. Flink wie eine ganze Biberfamilie trug er Grasboschen um Grasboschen zusammen. Mit der Zeit wuchs im munter dahinplätschernden Bächlein neben der Talwiese ein Staudamm heran. Das Rinnsal schwoll zu einem beachtlichen See, und das Wasser begann sich über die trockene Talwiese auszubreiten.

Robert sah stolz auf sein Werk. Endlich konnten die dürren Gräser ihren Durst stillen. Bald würde er wieder frische Blumen pflücken können.

Plötzlich zerriss ein fürchterlicher Schrei die friedliche Stille.

»Du Sternsiech, du verreckter!«, schrie jemand, »wart, wenn ich dich erwische!«

Es war der Talbauer, von dem die unheilvolle Drohung kam, wie Robert feststellte, als er in Richtung des Gebrülls blickte. Das vor Wut tiefrote Gesicht und der dicke Prügel in seiner Faust verhießen nichts Gutes. Dass er nur einen Blumenstrauß für die Madonna pflücken wollte, hätte ihm keine Pluspunkte oder mildernde Umstände eingebracht. Das merkte der Knabe sofort. Hier half nur die Flucht. Und rennen konnte Robert, das hatte er schon oft bewiesen. Das musste sogar der Talbauer anerkennen, als er sich daran machte, den Staudamm mühsam zu entfernen.

»Sternsiech, verreckter!«, schimpfte er immer noch vor sich hin, aber bereits viel gedämpfter.

Wie Robert einmal furchtbare Rache nahm

Das Märchen »Hänsel und Gretel« der Brüder Grimm mit dem Knusperhäuschen im Wald, in dem eine böse Hexe wohnte, kannte Robert wie die meisten Kinder im Städtchen natürlich auch. Zudem war es in seinem Lesebuch, mit farbigen Zeichnungen ausgestattet, zu finden.

Auf dem Weg zur Schule kam Robert an einem Häuschen vorbei, das in dieses Märchen gepasst hätte, wie er meinte. Es war ein seltsames Gemäuer mit winzig kleinen Fenstern, klapprigen Läden und Flecken in allen Farben. Nur die Lebkuchen und weiteres Naschwerk fehlten. Sonst wäre der Knabe sicher gewesen, dass es sich um das Knusperhäuschen aus dem Märchen handeln müsste, auch wenn es nicht im Wald stand.

Auch die alte Frau, die darin wohnte, schwarz gekleidet, in gebückter Haltung, sich auf einen großen Stock stützend, hätte zu der Geschichte gepasst. Es fehlte nur noch der schwarze Vogel auf ihrer Schulter, das Bild wäre perfekt gewesen.

Doch Märchen hin, Märchen her, für Robert war sie eine Hexe. Nicht nur, weil sie Buben nicht leiden konnte und immer schalt, wenn einer vor ihr auftauchte: »Aus dem Weg, du Taugenichts! – Mach, dass du fortkommst, du Tagedieb!«

Nein, sie schien auch alles zu sehen und zu hören, was ein Knabe wie er im Städtchen so trieb.

Es verging kaum ein Tag, an dem sie nicht in Roberts elterliches Haus kam und von schrecklichen Schandtaten des Buben zu berichten wusste, was diesem manche Tracht Prügel einbrachte. Es war wie verhext. Sie musste überall Augen haben, auch dort, wo Robert gar nicht gewesen war. So bekam er manches Mal auch unschuldigerweise Ohrfeigen oder Schläge, was ihn gewaltig wurmte.

Ungerechtigkeiten konnte Robert nicht ertragen. So verwunderte es nicht, dass er von Tag zu Tag immer mehr Rachegedanken mit sich trug. Und die Rachestunde kam. Wieder einmal hatte ihn die alte Frau zu Unrecht angeschwärzt. In der folgenden Nacht machte der Knabe kein Auge zu. Er überlegte und überlegte. Keine Rache war ihm fürchterlich genug. Endlich hatte er eine Idee, die ihn friedlich einschlummern ließ.

Am anderen Morgen wurde sein bester Freund, der Säger-Karle, in den Plan eingeweiht. Dieser war gleich dabei, denn auch er hatte wegen der »Hexe« schon mehrfach Prügel bezogen. Mit Schleudern und Kieselsteinen in der Hosentasche machten sich die Verschwörer auf den Weg.

Die Zierde des Gartens vor dem »Hexenhaus« waren seit vielen Jahren große, in allen Farben glitzernde Glaskugeln.

Seit diesem Ausflug waren sie es gewesen. Es musste aus heiterem Himmel gehagelt haben!

Wie Robert dem Säger-Baschi ein Licht aufsteckte

Der Säger-Karle, Roberts bester Freund, hatte einen etwas einfältigen Onkel. Bei den Leuten in der Stadt hieß er der »Säger-Baschi«, denn er stammte wie sein Neffe aus einer Sägerei. Groß, aber ziemlich dürr von Gestalt, zierte ein gewaltiger Schnurrbart sein vom vielen Alkoholgenuss gezeichnetes Gesicht.

Den lieben langen Tag lag der Säger-Baschi auf der faulen Haut und schlief den Rausch vom Vortag aus. Aber sobald es Abend wurde und die Dämmerung hereinbrach, wurde es im verlotterten Häuschen des Säger-Baschi lebendig. Von da an war er Amtsperson, und keine unwichtige, wie er stets betonte. Immerhin war er ein behördlich angestellter Straßenlaternenanzünder in der Stadt. Es gab damals noch kein elektrisches Licht.

Das Amt war dem Säger-Baschi heilig. Während der abendlichen Runde trank er keinen Schluck. Dafür musste er dann anschließend einiges an Getränken nachholen. Einmal durfte ihn Robert auf seiner Tour begleiten, aber nur, weil er der beste Freund seines Neffen war.

Robert schaute dem wichtigtuerischen Treiben des Säger-Baschi lange zu, sah, wie er jedes Mal das Petroleum in den Laternen nachfüllte und Lampe für Lampe zum Leuchten brachte. Die Flasche, die er tragen durfte, wurde immer leerer, und die Runde war noch lange nicht zu Ende. Wie immer in solchen Situationen hatte Robert eine gute Idee, wie er meinte. In einem unbeobachteten Augenblick pinkelte er ehrfurchtslos in die Flasche und füllte sie auf, bis er dachte, dass es für den Abend reichen müsste.

»Potz Blitz!«, rief der Säger-Baschi überrascht, als er die nächste Laterne auffüllte und sie auch nach mehrmaligen Versuchen nicht zum Brennen brachte. Unsicher geworden roch er an der noch gut gefüllten Flasche. Da ging wenigstens ihm ein Licht auf.

»Jetzt hat der Seichbub mir in d' Flasche g'schifft!«, maulte er vor sich hin. Doch der Übeltäter hatte sich bereits im Dunkel der Nacht auf- und davongemacht. Vom Säger-Baschi heimleuchten wollte er sich lieber nicht lassen.

Neustadt hinauf zur Kirche.

Wie Robert Geistern auf die Spur kam

An einem kalten Winterabend saßen einige Nachbarn in der vom Kachelofen behaglich erwärmten Stube in Roberts Elternhaus zusammen und erzählten Geschichten. Auch Onkel Gustav war da, ein etwas eigenartiger Mensch, wie es Robert vorkam. Man hatte ihm erzählt, dass der Onkel vor einigen Jahren einem religiösen Wahn verfallen sei und seinen ganzen Besitz verschenkt habe. Seitdem zog er wie ein Hirte mit einem Schaf auf den Schultern durch die Gegend.

An diesem Abend erzählte er den staunenden Zuhörern von drei schwarzen Gesellen, die ihn auf dunklen Wegen im Wald überfallen und verdroschen hätten, ein vierter mit einem Geißenfuß wie beim leibhaftigen Teufel sei lachend und feuerspeiend dabeigestanden.

»Der Beelzebub hat mit seinen Gehilfen mein Schaf geholt. Als ich wieder zu mir kam, war es weg, und ich hörte aus der Ferne nur noch sein klägliches Blöken«, berichtete er und ahmte dabei das Gejammer täuschend ähnlich nach.

Die Umsitzenden blickten sich ratlos an und wunderten sich, dass der Erzähler unbeschadet den Teufelsbuben entronnen war. Der Glaube, dass im dunklen Tann Geister ihr Unwesen trieben, war damals noch weitverbreitet. Und so war es kein Wunder, dass der Mostkrug jetzt eine neue Runde machte, um die fröstelnden Seelen wieder zu erwärmen.

Robert aber, der hinter der Stubentür gelauscht und alles mitangehört hatte, schlief in jener Nacht lange nicht ein. Er nahm sich vor, dieser Sache auf den Grund zu gehen. An Geister glaubte er nicht. Sowohl Pfarrer Enz wie auch Lehrer

Eberle hatten in der Schule klargestellt, dass das mit den Geistern purer Aberglaube wäre.

Als der Knabe am nächsten Morgen auf den einsamen Pfad in den »Geisterwald« einbog, fröstelte es ihn doch ein wenig, nicht nur wegen der grimmigen Kälte. Was wäre, wenn Pfarrer und Lehrer Unrecht hätten, ging es ihm durch den Kopf. Aber das konnte nicht sein, sagte er sich und redete sich selber Mut zu, als er immer tiefer in den Wald hineinkam.

Da, was war das? Hörte sich das nicht an wie das Blöken eines Schafes? Geister hin, Geister her, Robert musste der Sache jetzt nachgehen. Das Blöken wurde immer lauter, und plötzlich erblickte der mutige Knabe das Schaf, das an einer alten Schwarzwaldtanne festgebunden war und jämmerliche Laute von sich gab. Robert sah sich um. Von Geistern war weit und breit nichts zu sehen. Behutsam näherte er sich dem blökenden Tier und band es los.

»Halt jetzt die Klappe, bis wir aus dem Wald heraus sind!«, rief der Bub, denn ganz so sicher war er sich doch nicht, was Geister anbetraf.

Das Tier war tatsächlich so verdutzt, dass es ihm die Sprache verschlagen hatte, bis es mit seinem Retter den Wald hinter sich gelassen hatte. Onkel Gustav staunte nicht schlecht, als er sein Schaf wohlbehalten vor dem Haus blöken hörte.

»Ein Wunder!«, rief er immer wieder. »Seht nur, ein Wunder!«

Vom Wundertäter war nichts mehr zu sehen. Er hatte sich in sein Bett verzogen und holte den Schlaf nach, den er in der Nacht versäumt hatte. Später einmal, als Pfarrer Enz im Religionsunterricht von den Wundern Jesu erzählte, war Robert richtig stolz, auch ein Wunder vollbracht zu haben, obwohl er sich fast sicher war, dass Onkel Gustav in seiner einfältigen Art das Schaf nur vergessen hatte. Aber wissen konnte man ja nie!

Wie Robert eine Explosion erleben wollte

Das Münster St. Jakobus, von 1897 bis 1901 in spätgotischem Stil erbaut, prägt mit seinem 68 Meter hohen Kirchturm das Stadtbild des Schwarzwaldstädtchens Neustadt. Robert war stolz, zu den Ministranten in der neuen Pfarrkirche gehören zu dürfen. Voraussetzung für den Dienst am Altar war das Erlernen der lateinischen Messgebete. Für ein pfiffiges Kerlchen wie Robert natürlich kein Hindernis! Ja, er war so eifrig, dass er zeitweise die frommen Hefte in die Kirche mitnahm und sie während der stillen Messe aufmerksam studierte.

Der Pfarrer nickte wohlgefällig, wenn er den Buben in die geistliche Lektüre vertieft erblickte.

»Vielleicht wird einmal ein Bischof aus ihm?«, murmelte er auf Deutsch in seine lateinischen Gebete hinein.

Der Mesner war da nicht so überzeugt, er kannte das Bürschchen und traute dem Frieden nicht. Zu gern hätte er mal einen Blick in die gedruckten Geheimnisse des Knaben geworfen. Wenn ihn nicht alles täuschte, glaubte er in Roberts Gesicht einige Male ein verdächtiges Grinsen bemerkt zu haben. Dem musste er unbedingt auf den Grund gehen.

Spontan holte er aus der Sakristei eine Kerze und trug sie scheinheilig zur Statue des heiligen Antonius. Dabei schlich er so nahe an dem studierenden Buben vorbei, dass er einen Blick in die »heiligen Schriften« werfen konnte. Was er sah, ließ den braven Kirchenmann nach Luft ringen.

»Du elender Siech!«, zischte er durch die Zähne. »Hab ich's doch geahnt! Du verdorbenes Individuum!«

Schnell schnappte er das »unzüchtige Frevelheft« im frommen Einband und verschwand damit für den Rest des Gottesdienstes in der Sakristei. Robert ärgerte sich gewaltig, dass er nicht aufgepasst und dem Mesner unfreiwillig zu einer solch schönen Lektüre verholfen hatte. Es wurmte ihn so sehr, dass er nach einer Möglichkeit suchte, dem Mesner mal richtig Feuer unter dem Hintern zu machen.

Und Roberts Stunde kam. Beim nächsten feierlichen Hochamt hatte man ihm das Rauchfass anvertraut, damit er eine Beschäftigung hatte und nicht auf dumme Gedanken kam. Lange ging auch alles gut. Während der Predigt durfte er mit dem Säger-Karle, der das Schiffchen mit dem Weihrauch trug, die Sakristei aufsuchen, damit der Rauch die Worte des Pfarrers nicht vernebelte. Und so nahm das Schicksal seinen Lauf.

Die beiden Buben füllten das Rauchfass randvoll mit Kohlen und schürten die Glut kräftig. Jetzt tüchtig Weihrauchkörner hinein, eine Ladung nach der anderen! Das Instrument qualmte bald wie eine Dampfzuglok der Schwarzwaldbahn. So stolzierten die beiden Messbuben erhobenen Hauptes in den Altarraum hinaus. Robert schwang das Gefäß vehement hin und her und ließ von seinem Spezi immer wieder eine gehörige Portion Weihrauch nachfüllen. Robert schwang das Rauchfass schließlich so gewaltig, dass es wie eine Windmühle im Kreis sauste und zu glühen begann. Die Funken stoben in alle Richtungen, der Weihrauchduft wurde zum unerträglichen Gestank.

In den vorderen Bänken begannen die Leute unruhig zu werden. So ein Höllenfeuer hatten die Gottesdienstbesucher noch nicht erlebt. Jeden Augenblick musste das Ding explodieren!

Da ließ der Mesner alle Furcht fahren. Todesmutig stürzte er auf den »Brandherd« zu, schnappte die »Rauchbombe« und stolperte damit ins Freie. Draußen ein dumpfer Schlag, ein Schrei, dann war Totenstille.

Vom Messdienst wurde Robert für einige Zeit suspendiert. Eine ratsame Maßnahme! Das rußgeschwärzte Gesicht und die angesengten Haare des Mesners verhießen nichts Gutes für den Knaben. Um ihn musste Robert einige Tage lang einen großen Bogen machen, aus Sicherheitsgründen.

Neustadt vom Tal aus.

Wie Robert Hochwürden ins Schwitzen brachte

Das Pfarrhaus in Neustadt hatte auch Gästezimmer. Deshalb gab es kein Problem, als eines Tages ein Studienfreund von Pfarrer Enz sein Kommen ankündigte. Er hatte ein paar Tage Urlaub, wollte sich ein wenig erholen und mit seinem Amtsbruder die Erlebnisse aus den gemeinsamen Studienjahren auffrischen. Im Brief war unter »post scriptum« noch vermerkt, dass man ihn wegen des Gepäcks vom Bahnhof abholen solle.

Und genau dieser Wunsch brachte Pfarrer Enz am Tag der Ankunft in Schwierigkeiten. Er hatte heute Beichttag, und der Mesner, der für diesen Dienstgang vorgesehen war, hatte einen Amtstermin in Freiburg. Was tun? Der geistliche Herr überlegte und kam schließlich auf die grandiose Idee, Robert mit der ehrenvollen Aufgabe zu betrauen.

»Und gehe etwas gemächlich, mein Sohn«, riet der Pfarrer dem Buben. »Unser hochwürdiger Gast hat keine so jungen Beine wie du!«

Robert versprach's, holte für das Gepäck den Leiterwagen aus dem pfarrhäuslichen Schuppen und machte sich auf den Weg zum Bahnhof hinunter. Die Sonne brannte vom Himmel und brachte den Knaben ganz schön ins Schwitzen.

»Hoffentlich kommt die Bimmelbahn bald«, maulte Robert vor sich hin, denn er konnte sich etwas Spannenderes vorstellen, als hier in der Bruthitze auf dem Bahnsteig zu hocken. Endlich hörte er den Pfiff der Dampflok und sah den Zug in den Bahnhof einrollen.

»Neustadt, hier Neustadt!«, schrie der Schaffner laut, damit es auch jeder hörte, als auch schon die ersten Fahrgäste ausstiegen.

Robert schob interessiert seine Mütze aus dem Gesicht und hielt nach einem Herrn Ausschau, auf den die Beschreibung passen könnte. Plötzlich nahm ein hübsches Fräulein in einem flotten Kostüm seine ganze Aufmerksamkeit gefangen.

»Ist die aber schön!«, seufzte er und hatte im Nu den eigentlichen Zweck seines Hierseins total vergessen.

Etwas hilflos sah sich die Schöne suchend um. Da musste Robert doch den Kavalier spielen! Flugs eilte er der jungen Dame mit seinem Leiterwagen zu Hilfe.

»Wo soll es denn hingehen?«, fragte er höflich.

Die schöne Frau wurde in der Vorstadt erwartet. Robert lud ihr Gepäck auf und wollte gerade losmarschieren, als Hochwürden schwitzend und einen schweren Koffer schleppend dahergekeucht kam. Den hatte Robert total vergessen.

»Einen schönen Gruß von Pfarrer Enz soll ich bestellen und ich soll Sie zum Pfarrhaus geleiten«, stotterte der Knabe aufgeregt.

Und dann zeigte er ein wenig verlegen auf das Fräulein und meinte: »Sie haben doch nichts dagegen, wenn wir zuerst unsere neue Religionslehrerin in ihre Wohnung begleiten!«

Diese Notlüge war ihm gerade noch eingefallen. Der beleibte Seelsorger nickte verständnisvoll. Was hätte er auch anderes tun sollen? Er konnte doch dem neuen Pfarrkind seines Kollegen nicht seinen geistlichen Beistand verweigern.

Also setzte sich die Karawane in Bewegung. Vorneweg das schöne Fräulein, dahinter der Messbub mit dem kofferbeladenen Leiterwagen und zum Schluss Hochwürden, schweißgebadet die Perlen von der Stirn wischend. Zunächst ging es den weiten Weg hinaus in die Vorstadt, wo das Fräulein sich dankend verabschiedete, anschließend dann wieder zurück und zuletzt die Hauptstraße hinauf zum Pfarrhaus. Bei der sengenden Hitze eine anstrengende Pilgerreise!

»O mein Gott, du strafst deinen Diener mit der Glut des Fegefeuers!«, stammelte der fromme Feriengast ein ums andere Mal. »Deine Wege, o Herr, sind unergründlich!«

Ob das vielleicht Sprüche aus der Bibel sind, ging es Robert durch den Kopf. Und er erinnerte sich an einen Satz, den Pfarrer Enz ihnen im Religionsunterricht beigebracht hatte:

»Leide, ohne zu klagen!« Davon schien sein Amtsbruder noch nichts gehört zu haben.

Pfarrer Enz staunte nicht schlecht, als er später vom Leidensweg seines Gastes und der vermeintlichen Religionslehrerin erfuhr. Aber insgeheim musste er doch ein wenig schmunzeln.

Bahnhof Neustadt.

Wie Robert dem Stöcklesvogt entwischte

In vielen katholischen Kirchen gab es früher den Stöcklesvogt, der im sonntäglichen Gottesdienst seines Amtes waltete. Er hatte darauf zu achten, dass alle Kirchenbesucher einen Platz bekamen, und vor allem, dass die Lausbuben der Stadt brav und gottesfürchtig der sonntäglichen Messe beiwohnten.

Auch im Neustadter Münster versah solch ein Stöcklesvogt seinen Dienst. In der purpurroten Uniform mit Birett und langem Talar schritt er, ausgestattet mit einem Stab, während des Gottesdienstes im Kirchenschiff auf und ab und beäugte mit Argusaugen die jungen Burschen des Städtchens.

Es war an einem Sonntag in der Fastenzeit. Ein auswärtiger Franziskanerpater hielt die Predigt. Wie bei seinen Ordensbrüdern üblich, leuchtete auch bei ihm inmitten eines Haarkranzes eine prächtige Glatze. Robert fiel das sofort auf. Während die übrige Christenschar dem Prediger mit seiner Wortgewalt zu lauschen schien, dachte er darüber nach, was sich mit dieser auffälligen Glatze Lustiges machen ließe. Und als die Predigt für den Buben immer langweiliger wurde und ein paar Sonnenstrahlen neugierig den Weg durch die bunten Glasscheiben ins Kircheninnere fanden, ließ die Spitzbubenidee nicht lange auf sich warten.

Heimlich zog Robert einen kleinen Spiegel aus der Hosentasche, fing damit ein paar umherirrende Sonnenstrahlen ein und lenkte sie gekonnt dem lohnenden Ziel entgegen. Bald begannen sie lustig und vergnügt auf der polierten Glatze des Predigers zu tanzen. Irritiert griff sich der Pater ein paarmal an den Ort der Heimsuchung, konnte aber nichts Verdächtiges ausmachen. Doch sein Redefluss schien plötzlich leicht gestört zu sein.

Das bemerkte auch der Stöcklesvogt. Besorgt richtete er seinen Blick auf die Kanzel. Robert war von seinem Blendwerk so gefangen, dass er die Aufmerksamkeit des Kirchendieners nicht bemerkte. Dieser aber entdeckte rasch die Ursache der plötzlichen Redehemmung des Predigers, und mit geübtem Blick machte er auch bald den Urheber der Licht-spielerei aus. Mit schnellen Schritten eilte er auf den Übeltä-ter zu, packte das verdutzt schauende Bürschchen, zerrte es aus der Bank und beförderte es, wütend rüttelnd und schüt-telnd, vor den Augen des gesamten Auditoriums vor an die Kommunionbank.

»Hier bleibst du knien, du unverschämter Flegel!«, zischte der Mann in Purpur. »Und rühr dich ja nicht von der Stelle!«, fügte er drohend hinzu.

Robert ärgerte sich gewaltig, dass er so unvorsichtig gewe-sen war und nicht auf den Stöcklesvogt geachtet hatte. Jetzt war er blamiert vor der ganzen Kirchengemeinde. Auch konnte er sich ausmalen, wie sein Vater oben auf der Empore mit hochrotem Kopf bereits auf eine angemessene Strafe sann. Aber was half's? Da kniete er jetzt auf der harten Bank und konnte nichts tun! Oder doch?

»Jedenfalls bleibe ich nicht bis zum Schluss hier knien!«, murmelte er entschlossen vor sich hin.

Von nun an sann er auf eine List, den schadenfrohen Bli-cken der Gottesdienstbesucher zu entkommen. Doch der Stöcklesvogt wollte und wollte nicht aus seiner Nähe wei-chen.

Die Wandlung kam. Andächtig kniete das Volk nieder und senkte die Häupter. Auch der purpurne Kirchendiener ging in sich und blickte zu Boden.

Auf diesen Augenblick hatte Robert gewartet. Wie von einer Tarantel gestochen fuhr er hoch und klapperte mit sei-nen Holzschuhen in der Stille der andächtigen Schar dem rettenden Kirchenportal entgegen. Flugs war er verschwunden. Nicht einmal der innerlich vor Wut rasende Stöckles-vogt wagte es, sich während der heiligen Wandlung zu erheben und dem Flüchtenden nachzueilen.

So hatte sich Robert einen unvergesslichen Abgang verschafft. Und das Klappern der Holzschuhe hallte in der Stille noch lange nach und blieb in den Köpfen der Gläubigen mindestens ebenso lange in Erinnerung wie die sonntägliche Fastenpredigt.

Wie Robert auch in der Schule auffiel

Holzschuhe waren früher das Schuhwerk der einfachen Leute. Oft gingen die Kinder sogar barfuß, was nicht nur sparsam, sondern auch noch gesund war. Einen Nachteil hatten die Holzpantoffeln aber, sie klapperten ziemlich laut auf harten Böden. Deshalb mussten sie die Kinder in der Schule vor dem Klassenzimmer ausziehen. Drinnen wartete Oberlehrer Eberle auf die Horde, um ihnen die notwendigen Fähigkeiten im Lesen, Schreiben und Rechnen beizubringen.

Robert entwickelte bald gute Fertigkeiten in allen Fächern, auch in solchen, die nicht auf dem Stundenplan standen. So war es nicht verwunderlich, dass der Knabe dem Lehrer nicht nur positiv auffiel, was ihm später einmal im Zeugnis unter »Betragen« den Vermerk »Nicht zu beschreiben« einbrachte.

Aufmerksam war der Knabe immer. Ihm entging nichts. So hatte er ziemlich bald bemerkt, dass Lehrer Eberle die Angewohnheit hatte, bei seinen Erklärungen an der Tafel oder auf der Landkarte stets mit seinem hölzernen Zeigestock herumzufuchteln. Und wenn eine Schülerin oder ein Schüler nicht gleich die richtige Anwort wusste, schlug er mit diesem Instrument so lange auf die entsprechende Stelle am Objekt, bis er mit dem Gesagten zufrieden war.

Robert sah diesem Schauspiel lange interessiert zu. Natürlich hatte er bald einen glänzenden Einfall, wie er meinte. In einer Hofpause machte er sich ans Werk.

In der nächsten Stunde ging Lehrer Eberle mit seinen Zöglingen auf der Landkarte spazieren. Er zeigte Ort um Ort, und jedes Mal musste der oder die Aufgerufene den entsprechenden Namen nennen. War er richtig, ging die Reise weiter, war er falsch, schlug der Lehrer wie gewohnt so lange auf den Ort ein, bis die erwartete Antwort kam. Nur dieses Mal war die Wirkung verblüffend. Bei jedem Schlag spritzte eine Ladung Tinte aus dem Stock und landete auf der unschuldigen Karte.

Lehrer Eberle hielt verdutzt inne. Forschend blickte er in der Klasse umher. Doch still und friedlich saßen alle Kinder in ihren Bänken, die Hände vorschriftsmäßig aufs Schreibpult gelegt. Der geplagte Erzieher stutzte. Sollte er sich getäuscht haben? Aber woher kamen dann die Tintenflecke auf der Karte?

»Wer hat die Flecken auf diese Karte gespritzt?«, brüllte er los und schlug dabei wütend mit dem Zeigestock auf das unschuldige Objekt ein. Die Orte auf der Landkarte nahmen beängstigend zu.

»Herr Lehrer, Ihr Zeigestock spritzt!«, rief Anna aus der ersten Reihe.

Der gestresste Pädagoge schaute ungläubig auf das Instrument in seiner Hand. Tatsächlich, da tropfte Tinte heraus!

»Ich werde diesen Stock einer eingehenden Prüfung unterziehen«, japste er und rang nach Luft. Die Wanderung auf der Karte war für heute beendet.

Die Ursache der Spritztour wurde bald gefunden. Der Stock war an mehreren Stellen angebohrt und mit Tinte gefüllt worden. Sollte eines seiner Schäflein dabei am Werk gewesen sein? Aber die saßen doch alle so friedlich in den Bänken?

Lehrer Eberle nahm sich vor, das nächste Mal auf der Hut zu sein.

Wie Robert der Frau Lehrer imponierte

Die Entlohnung der Lehrer war früher eher schlecht als recht, weshalb sich die Schulmeister im Ort nach zusätzlichen Verdienstquellen umsehen mussten, wenn sie ihre Familie ernähren wollten. Das war bei Lehrer Eberle in Neustadt nicht anders. Da er eine gute Stimme hatte, sang er gegen Entgelt bei allen möglichen Anlässen, so auch bei Beerdigungen.

Wieder einmal gab es einen Trauerfall im Städtchen. Der sanglich geübte Staatsdiener sollte beim Begräbnis ein paar Trauerlieder singen.

Aber auch ein Lehrer ist nur ein Mensch und deshalb ab und zu einmal vergesslich. So merkte er an diesem Tag erst in der Schule, dass er die schwarze Krawatte für den Gesang auf dem Friedhof nicht dabeihatte. Robert wurde losgeschickt, das gute Stück zu holen. Der muntere Knabe war für jede Abwechslung dankbar, schlenderte gemächlich zur Lehrerwohnung und nahm die Krawatte in Empfang.

Auf dem Rückweg kam er zufällig an einem munter dahinfließenden Bächlein vorbei. Als er vom Brückengeländer aus in das plätschernde Wasser blickte, stach ihn der Hafer. Ob die Krawatte wohl bis zum Wasser hinabreicht, überlegte er und probierte es gleich aus. Langsam glitt sie tiefer und tiefer, bis sie plötzlich unten war und davonschwamm. Robert blickte ihr sinnend nach.

»Schicksal!«, seufzte er und hatte auch gleich eine neue Idee.

Frohen Mutes machte er sich noch einmal auf den Weg zum Lehrerhaus.

»Der Herr Lehrer hat gesagt, es sei nicht die richtige Krawatte gewesen«, schwindelte Robert überzeugend.

»Na, so was!«, meinte die Frau Lehrer und schüttelte den Kopf. »Die Krawatte hatte Friedrich doch immer an!«

Und verständnislos ging sie eine andere suchen. Sie fand nur noch ein altes, etwas abgetragenes Exemplar.

»Da, nimm die mit, Bub, eine bessere ist nicht da«, sagte sie bekümmert.

Robert steckte sie ein und biss zufrieden in den Apfel, den er von der Frau Lehrer bekommen hatte, weil er den Weg zweimal laufen musste, der arme Bub.

Den wirklichen Hergang schien Lehrer Eberle wohl erst einige Zeit später mitbekommen zu haben. Sonst hätte er den pfiffigen Knaben nicht ein zweites Mal auf einen Botengang geschickt. Dieses Mal fehlte der Hut. Robert holte ihn pflichtgerecht bei der Frau Lehrer ab. Als er damit über den Markt-platz hüpfte, sah er einen ärmlich gekleideten Mann auf der Straße sitzen, den es zu frieren schien.

Da erinnerte sich Robert an die Legende von Sankt Martin und dem Bettler, die er neulich im Religionsunterricht gehört hatte. Mitleidig schaute er den armen Mann an und schenkte ihm schließlich den Hut.

»Vergelt's Gott«, sagte der Beschenkte, »du bist ein guter Bub!«

»Hoffentlich!«, seufzte Robert, dem auf einmal nicht mehr so wohl zumute war. Woher sollte er jetzt einen Hut für den Herrn Lehrer bekommen?

Was mit der Krawatte geklappt hat, müsste doch auch mit dem Hut funktionieren, fiel ihm ein, und er rannte ins Lehrerhaus zurück.

Die Frau Lehrer war entsetzt, dass es nicht der richtige Hut gewesen sein sollte, und holte das alte, ausgediente Exemplar aus der Kammer.

»Verstehe einer diese Männer!«, sagte sie und lud den armen Knaben zu einer Tasse heißer Milch und einem Honigbrot ein, was Robert nicht alle Tage bekam. Das brave Kind hatte ja den Weg zweimal laufen müssen, und das bei dem kalten Wetter!

»Verstehe einer diese Männer!«, murmelte sie noch einmal, als Robert gegangen war.

Doch dieses Mal verstand dieser Mann keinen Spaß. Erst die alte Krawatte, jetzt der alte Hut! Er stellte seine Frau zur Rede. Da dämmerte es den Lehrersleuten, dass dieser elende Wicht doch nicht so harmlos war, wie er tat.

»Warte Bursche, lass mich dich erwischen!«, rief Friedrich Eberle und sah sich im Geiste bereits den Tatzenstock schwingen.

Alte Volksschule in Neustadt.

Wie Robert wieder zum Leben erwachte

Robert hatte seine Augen überall. So entdeckte er eines Morgens im Schrank des Klassenzimmers hinter der nur angelehnten Tür ein stattliches Exemplar von einem ausgestopften Krokodil.

»Sapperlot!«, rief der Knabe erschrocken, »was für ein Monstrum!«

Und es tat ihm leid, dass das arme Tier ein so trostloses Dasein im Schrank fristen musste.

»Da müsste doch etwas zu machen sein«, murmelte er vor sich hin und überlegte, wie er dieses exotische Wesen wirksam in Szene setzen könnte. Und bald stand sein Plan fest.

Am nächsten Morgen zauberte Robert eine dünne Schnur aus der Hosentasche, natürlich in der Farbe der geölten Fußbodendielen, damit sie niemandem auffiel. Er hatte an alles gedacht. Vor dem Unterricht befestigte er sie am Kopf des Krokodils und legte sie vorsichtig durch die leicht geöffnete Schranktür wie eine Zündschnur bis zur ersten Bank.

Lehrer Eberle wunderte sich, dass Robert an diesem Morgen freiwillig in der vorderen Bank saß, in der man sonst nur zur Strafe sitzen musste und die deshalb auch »Eselsbank« hieß. Zeigte der Knabe vielleicht so etwas wie Reue oder heckte er mal wieder eine Schandtat aus, überlegte er sich insgeheim.

Die Schiefertafeln wurden ausgepackt und mit dem Griffel die Wörter von der Tafel abgemalt, schön sauber, Strich für Strich, genau in die Linien! Es war still wie in der Kirche während der Wandlung.

Da! Ein leises Knarren. Stille. Ein erneutes Knarren. Und langsam, wie von Geisterhand, öffnete sich die Schranktür. Gespannt starrten alle in die Richtung. Man hätte eine Stecknadel fallen hören. Plötzlich bewegte sich dort ein seltsames Monstrum und streckte den gewaltigen Kopf mit den gefährlichen Zähnen heraus. Ein fürchterlicher Schrei zerriss die angespannte Stille. Ein Gezeter und Gekreische folgten, als sich das ganze Untier aus dem Schrank wälzte. Ein totales Chaos brach aus.

Der geplagte Lehrer hatte alle Hände voll zu tun, die verängstigten Mädchen zu beruhigen. Dann aber hatte seine Rachestunde geschlagen. Dem Faden des Krokodils folgend, war er bald fündig geworden. Deshalb also hatte das Früchtchen freiwillig in der ersten Bank Platz genommen! Jetzt war es mit seiner Beherrschung zu Ende. Rasch zauberte er seinen Stock aus dem Ärmel, und seine ganze Wut entlud sich in kräftigen Hieben, die auf den liederlichen Knaben niedersausten.

Robert konnte einiges wegstecken. Aber was zu viel ist, ist zu viel! Plötzlich ließ er sich fallen und streckte Arme und Beine von sich. Der Kopf fiel zur Seite, und der Gezüchtigte lag regungslos da. Wie vom Schlag getroffen hielt der Schulmeister inne. Ungläubig starrte er auf den am Boden liegenden Buben. Dann fiel er auf die Knie, rüttelte und schüttelte ihn.

»O Gott! Ich habe ihn erschlagen«, zeterte er reumütig. »Robert! Bub! Bitte wach auf! Ich flehe dich an, wach auf!«

Er verzieh ihm alle Schandtaten und versprach obendrein auch noch schulfrei für den Tag. Und siehe, das Wunder geschah! Langsam schlug der eben noch tote Knabe die Augen auf.

»Wo bin ich?«, flüsterte er wie von einem anderen Stern.

»Ein Wunder!«, riefen die Kinder. »Es ist ein Wunder!«

Lehrer Eberle war so froh, dass Robert wieder zum Leben erwacht war, dass er ihm tatsächlich schulfrei gab. Doch an das vermeintliche Wunder wollte er nie so recht glauben.

Wie Robert für eine Schelmerei belohnt wurde

D as schmucke Schwarzwaldstädtchen Neustadt zog auch schon in früheren Zeiten zahlreiche Gäste an, die sich in der sauerstoffreichen Tannenluft erholen wollten. Wer sich viel bewegte, verspürte danach Hunger und Durst. Deshalb gab es im Ort viele Lokalitäten, die mit ihren Spezialitäten die Urlauber anlockten.

Mitten in der Stadt lag das Café Butsch. Es war weithin bekannt für seine in der eigenen Konditorei hergestellten Leckereien. Besonders gut schmeckten die verschiedenen Waren aus Schokolade, die in allerlei Formen und Aufmachungen auch das Schaufenster zierten. Oft stand Robert davor und machte große Augen. Das Wasser lief ihm im Mund zusammen, wenn er diese Köstlichkeiten vor sich sah.

»So was Schönes möchte ich auch mal haben«, seufzte er.

Aber es half nichts. Solche Kostbarkeiten waren für ihn unerschwinglich. Dass es dem Großteil der Kinder damals ähnlich erging, tröstete den Buben wenig. Allzu verlockend lag der süße Traum im Schaufenster. Robert fand es ungerecht, dass dies alles nur den betuchten Kurgästen und wohlhabenden Bürgern gehören sollte. Das durfte doch nicht sein!

Dieses Mal musste der Knabe lange überlegen, wie er an die begehrte Schokolade kommen könnte, wenigstens an ein Stückchen davon. Ideen hatte er viele, aber keine schien ihm geeignet zu sein. Doch eines Tages kam dem Buben ein Zufall zu Hilfe.

Wieder einmal trieb er sich in der Nähe des Cafés herum. Die Sonne schickte sich gerade an, ihre warmen Strahlen über die Dächer hinweg in die Straßen und Plätze fluten zu lassen, als auch schon eine Bedienstete des Cafés herausgesprungen kam, um die Markisen über dem Schaufenster herunterzukurbeln. Die wertvolle Schokoladenauslage hinter der Fensterscheibe war überaus sonnenempfindlich. Robert sah aufmerksam zu. Ihm entging nichts! Plötzlich hatte er die richtige Idee, wie ihm schien.

In der Mittagszeit, als die Sonne am höchsten stand, näherte er sich dem Café. In gebührendem Abstand kramte er ein Brennglas aus seiner Hosentasche und lenkte damit gekonnt ein paar Sonnenstrahlen ins Schokoladenschaufenster. Nach einiger Zeit besah er sich sein Werk. Er konnte stolz sein, das Vorhaben hatte geklappt. Bei einigen Auslagen war der beginnende Schmelzprozess nicht zu übersehen. Mit unschuldiger Miene und dem bravsten Ausdruck im Gesicht betrat Robert jetzt den Laden.

»Gnädige Frau«, sagte er höflich, »verzeihen Sie bitte, die Schokolade im Schaufenster scheint die Sonnenhitze nicht zu vertragen. Sie sieht nicht gut aus.«

»Um Gottes willen!«, rief die Geschäftsfrau entsetzt und rannte hinaus.

Was sich sah, ließ sie erbleichen. Eilends wies sie eine Bedienstete an, die beschädigte Ware durch neue zu ersetzen. Robert stand erwartungsvoll da.

»Du bist ein guter Junge«, flötete die Frau. »Wie gut, dass du das Malheur bemerkt hast!«

Es wäre für sie nicht auszudenken gewesen, wenn ihre Kundschaft die in Auflösung begriffene Schokolade gesehen hätte. Der gute Ruf des Hauses stand auf dem Spiel.

Und Robert? Er bekam, was er wollte. So viel Schokolade hatte er noch nie besessen. Heute durfte er sich auch einmal wie ein gut betuchter Bürger fühlen!

Hauptstraße in Neustadt um 1900.

Wie Robert eine Servela ergatterte

Was ist eine Servela? In vielen Gegenden ist das knackige Metzgereierzeugnis als »Rote Wurst« bekannt, die es auch auf jedem Markt als »Heiße Rote« gibt. Im Süden Deutschlands heißt diese Wurst bei vielen Leuten auch Servela, nicht zu verwechseln mit der Dauerwurst Cervelat. Solche Servelas gab es auch damals schon in einer

Metzgerei des Schwarzwaldstädtchens Neustadt. Sie hingen auf einer Stange aufgereiht hinter der Ladentheke und sahen verlockend aus. Zu gerne hätte Robert einmal eine davon probiert. Daheim gab es nur Blut-, Leber- und Bratwürste aus der Hausschlachtung. Die waren bestimmt nicht schlecht, aber so eine Servela war sicher etwas ganz Besonderes!

Der Gedanke daran ließ den Knaben nicht mehr los. Er musste unbedingt so eine Servela haben. Und er sann auf eine zündende Idee. Der Trick mit dem Brennglas, der ihm zu der begehrten Schokolade verholfen hatte, versprach in diesem Fall keinen Erfolg. Aber irgendeine List würde ihm schon noch einfallen, da war er sich sicher.

Robert hielt Augen und Ohren offen. So erfuhr er, dass immer montags Schlachttag wäre und der Metzgermeister sich aus diesem Grund zusammen mit seinem Gesellen im städtischen Schlachthaus befände. Daraus ließe sich etwas machen, überlegte der Knabe, schnappte sich am nächsten Montag daheim einen Metzgerschurz, der sonst bei der Hausschlachtung gebraucht wurde, band ihn um und lief damit zur Metzgerei.

Die Ladentürglocke bimmelte, und die Meisterin erschien. Sie wunderte sich, als sie einen Buben im Metzgerschurz vor sich stehen sah.

»Ja, was will denn der kleine Metzger hier?«, fragte sie etwas irritiert.

Robert war nicht auf den Mund gefallen und antwortete höflich: »Ihr Mann schickt mich, ich soll noch ein weiteres Schlachtmesser holen.«

»Hat der Alte mal wieder etwas vergessen!«, schimpfte die Frau, eilte nach hinten und holte das Gewünschte.

Vorsichtshalber packte sie das scharfe Instrument in ein Tuch ein, damit sich der Bub nicht verletzte. Dann wollte sie Robert noch ein Stück Wurst als Wegzehrung mitgeben. Darauf hatte der Schelm gewartet. Sein Blick war total auf die Stange mit den Servelas fixiert.

»Kann ich eine davon haben?«, fragte er leise und zeigte in die Richtung.

Die Frau schluckte. Eine ganze Servela? Sie hatte nur an ein kleines Rädchen Wurst gedacht. Doch schließlich gab sie sich einen Ruck. Soll er doch eine haben, der Bub, und kurz entschlossen schnitt sie eine der begehrten Würste ab. Robert bedankte sich freundlich, machte eine Verbeugung und verließ dann eilig den Laden.

»Es gibt halt doch noch brave Buben«, murmelte die Meisterin unter dem Gebimmel der Ladentür vor sich hin.

Robert steckte das Messer in den Briefkasten und machte sich mit der durch List ergatterten Servela aus dem Staub. So gut hat ihm nie wieder eine Wurst geschmeckt!

Wie Robert einen Skalp erbeutete

In Roberts Jugendzeit trugen viele Mädchen Zöpfe. Auch die Steinberger-Lina in seiner Schulklasse hatte welche. Damit ärgerte sie die Buben gerne. Beim Vorbeigehen drehte sie blitzartig ihren Kopf hin und her und schlug die langen Schwänze ihrer dicken Zöpfe den verdutzten Knaben ins Gesicht. Bei Robert schien ihr das am meisten Spaß zu machen, und vergnügt lachend rannte sie dann davon. Vielleicht hatte sie ein besonderes Auge auf ihn geworfen?

Doch Robert hielt nichts von solcherlei Scherzen, und mit derartigem »Weiberzeug«, wie er es nannte, konnte er schon gar nichts anfangen. Diese plumpen Annäherungsversuche der Steinberger-Lina ärgerten ihn gewaltig, und es dauerte nicht lange, bis er auf Rache sann.

Eines Tages war es so weit. Wieder einmal hüpfte Lina vergnügt auf ihn zu, und wie immer flogen ihm die schwingenden Zöpfe um die Ohren. Aber dieses Mal war Robert gerüstet. Flink packte er die geflochtene Haarpracht des Mädchens und zauberte ebenso rasch eine Schere aus der Hosentasche. Was dann geschah, ging schneller, als man schauen konnte. Plötzlich hielt Robert beide Zöpfe triumphierend in den Händen und schwang sie wie einen erbeuteten Indianerskalp durch die Luft.

Heulend zog die Steinberger-Lina davon. In sicherer Entfernung drehte sie sich um und schrie sich ihr ganzes Leid von der Seele: »Das wirst du mir büßen, du schlechter Kerl, das sag ich deinem Vater!«

»Dummes Huhn!«, maulte Robert vor sich hin, aber ganz wohl war ihm nicht mehr. Das würde bestimmt eine Tracht Prügel setzen. Er kannte seinen Vater. Ihm musste er für ein paar Tage aus dem Weg gehen.

Für solche brenzligen Fälle hatte der Knabe vorgesorgt. Auf dem Speicher des elterlichen Anwesens hatte er in freien Stunden einen Verschlag aus Brettern gebaut, den er von innen verriegeln konnte. Schon oft hatte er dort Zuflucht gesucht, wenn er etwas angestellt und seine Schwester Marie ihn verpetzt hatte. Die Eltern wussten sofort Bescheid, wenn die Kleine zu stottern anfing: »De-de-de Ro-ro-robert ...« Denn ansonsten stotterte das Mädchen nie.

Jetzt war es für den Sünder Zeit zu verschwinden. Auch die Zopfgeschichte verhalf ihm zu ein paar Stunden Zwangsaufenthalt in seinem Versteck, aus Sicherheitsgründen.

Vorsichtshalber hatte Robert zwar die verräterischen Haarteile in ein Gebüsch geworfen, aber der Anblick der ihrer Zöpfe beraubten Steinberger-Lina war Beweis genug. Das arme Ding sah ziemlich gerupft aus. Dem Knaben war klar, er musste sich schleunigst aus der Schusslinie entfernen, bis sich alle wieder einigermaßen beruhigt hatten.

Und verhungern musste der Schlingel nicht. Noch jedes Mal hatte ihm die gutherzige Mutter ein Vesperbrot in seinen Verbannungsort gebracht.

Hoch zu Ross.

Wie Robert zum Attentäter wurde

Im Schwarzwaldstädtchen Neustadt herrschte große Aufregung. Der Besuch der Großherzogin Luise war angekündigt worden. Sie war die Gattin des badischen Großherzogs Friedrich I. und eine Tochter des deutschen Kaisers Wilhelm I. von Preußen. Das war eine Geschäftigkeit in der Stadt! Wochenlang wurde alles auf Hochglanz gebracht. Als der große Tag dann kam, schneite es, und bald hatte eine weiße Schneedecke Dächer und Straßen wie mit einem weißen Tuch überzogen. Die Landschaft erstrahlte in natürlicher Pracht.

Wenigstens dem Festsaal waren die vielen Mühen der Gastgeber noch anzusehen. Fleißige Helferinnen und Helfer hatten hier alles bestens vorbereitet und für den adligen Gast samt Gefolge Türbogen und Pfeiler mit Girlanden aus Tannengrün geschmückt.

Wo etwas los war, durfte natürlich Robert nicht fehlen. Da sein Vater Kommandant der Feuerwehr, Dirigent der Stadtkapelle und Leiter des Kirchenchors war, die bei solchen Anlässen alle ihren Auftritt hatten, konnte sich der Knabe als Helfer nützlich machen. Er durfte die Noten tragen, die Notenständer herbeischleppen, das Dirigentenpult aufstellen und weitere Arbeiten verrichten, die anfielen.

Robert tat alles, Hauptsache, er hatte Zutritt. So viele Kuchen und Torten hatte der Knabe noch nie an einem Platz gesehen. Und er nahm sich vor, wenigstens ein bisschen von den Leckereien zu probieren. Bei der Masse fiel das bestimmt nicht auf. Als er die Notenständer mit den Noten der Landeshymne bestückt hatte, streifte er mit unschuldigster Miene an den Konditoreiwaren vorbei und naschte da und dort ein wenig davon. Und da niemand auf ihn achtete, steckte er sich als Proviant noch etwas davon in die Hosentasche.

Der offiziellen Feierlichkeit durfte er nicht beiwohnen, denn so honorig war Robert damals noch nicht. Das wurmte ihn, und er beschloss, sich später beim Aufräumen am Übriggebliebenen schadlos zu halten. Doch daraus wurde nichts. Nur ein paar Gläser standen noch herum, als er zum Wegräumen der Notenständer Zutritt bekam. Wenigstens war in dem einen oder anderen Glas noch ein Rest Flüssigkeit drin, mit dem er seinen Durst stillen konnte. Danach fühlte er sich richtig beschwingt, um neue Taten zu vollbringen.

Am Nachmittag fuhr die Großherzogin in einer prächtig geschmückten Kutsche durch die Hauptstraße des Städtchens. Der ganze Ort war auf den Beinen. Das Volk säumte die Straßen und winkte. Auch die Schulkinder waren vollzählig versammelt, um den adligen Gast hochleben zu lassen. In der vordersten Reihe stand Robert. Von den geistigen Resten aus den Gläsern mutig geworden, rief er immer und immer wieder: »Hoch soll sie leben! Hoch soll sie leben!«

Und munter sprang er neben der Kutsche her. »Hoch soll sie leben! Hoch soll sie leben!«

Die Großherzogin wurde auf den Knaben aufmerksam.

»Es genügt, Büble, es genügt!«, sagte sie huldvoll lächelnd.

Doch Robert ließ nicht nach in seiner Huldigung, formte freudestrahlend einen Schneeball und warf ihn in Richtung der Kutsche. Das weiße Geschoss landete geradewegs auf der großherzoglichen Brust. Das war zu viel! Umgehend wurde der »Attentäter« von der Leibwache gepackt und dem Stadtpolizisten übergeben.

Die Strafe war hart. Bei winterlicher Kälte musste Robert unter den strengen Augen des Ordnungshüters ohne Handschuhe einen Berg Schneebälle formen. Zu allem Unglück bekam er dann auf die steif gefrorenen Finger ein paar Hiebe mit dem Stock.

Den Ausgang dieses Tages hatte sich Robert anders vorgestellt. Aber jetzt wusste er, was gemeint war, wenn es hieß: »Übermut tut selten gut!«

Wie Robert aus dem Arrest entkam

Das »Attentat« mit dem Schneeball ging Robert nicht aus dem Sinn. Er überlegte, wie er die Landesherrin mit einer guten Tat versöhnen könnte. Von der Großherzogin war bekannt, dass sie dem Reichskanzler Otto von Bismarck nicht gerade freundschaftlich zugetan war. Stand nicht von diesem Staatsmann ein Denkmal im Städtchen? Da müsste sich doch was machen lassen, dachte der Knabe. Und so reifte im ergebenen badischen Untertan Robert eine Idee heran, die er am selben Abend noch zur Ausführung brachte.

Mit Pinsel und Farbe ausgestattet, kletterte das Bürschchen wagemutig auf das Denkmal des Kanzlers hinauf und malte den hohen Herrn nach Herzenslust und eigener Vorstellung recht bunt an. Am nächsten Morgen war helle Aufregung im Städtchen. Die Freveltat war bald in aller Munde, und die Frage, die sich alle stellten, lautete: »Wer war der Übeltäter?«

Es kam, was kommen musste. Wer einmal »vorbestraft« war, wird gleich wieder verdächtigt. Robert wurde vom Wachtmeister abgeholt und zum Verhör geführt. Der Knabe verstand die Welt nicht mehr. Er hatte doch nur der Großherzogin einen Gefallen tun wollen. Doch die Stadtväter konnten seinen Gedankengängen nicht folgen, und so landete der Knabe zerknirscht in der örtlichen Arrestzelle.

Das war eine schlimme Strafe für den Buben. Den ganzen Tag über schaute die Jugend der Stadt durch das vergitterte Fenster in Roberts Verlies und hänselte den Knaben. »Robert, fang uns doch! Komm, fang uns doch!«, riefen sie immer wieder und lachten.

»Wartet nur, wenn ich wieder rauskomme!«, schimpfte der Gefangene voller Zorn über seine hilflose Lage. Und als er wieder allein war, ging die ganze Wut in ein jämmerliches Schluchzen über.

Das hörte die Frau des Gendarmen, die in der Dienstwohnung darüber wohnte und dem Treiben der jungen Leute zugeschaut hatte. »Der Bub ist doch harmlos«, sagte sie und holte Robert aus der Zelle. Mit Kuchen und Getränken versuchte sie, das innere Gleichgewicht des Knaben wiederherzustellen, was ihr auch bald gelang. Und mit dem Gleichgewicht kehrte auch Roberts Unternehmungsgeist zurück.

Vollgestopft mit den Leckereien der guten Fee, verspürte er bald den Drang nach einem stillen Örtchen. Die ahnungslose Wirtin hatte ein Einsehen. Sie konnte ja sicherheitshalber vor der Tür warten. Doch sie wartete vergebens. Ihr Schützling hatte die Gelegenheit genutzt, war aus dem Fenster geklettert und hatte sich am Abflussrohr der Dachrinne hinab aus dem Staub gemacht.

Robert hatte Glück, man stellte ihm nicht nach. Wahrscheinlich waren alle froh, dass die Geschichte so zu einem Ende kam, denn ein Regenschauer hatte die wasserlösliche Farbe am Denkmal bereits wieder fortgewaschen, und Bismarck erstrahlte im alten Glanz.

Vielleicht hat die Großherzogin in Karlsruhe von der Sache gehört und ein wenig gelächelt. Wer weiß?

Wie Robert seinen Vater zum Wallfahrer machte

Roberts Vater war ein geplagter Mann. Als Uhrmacher und Landwirt hatte er den ganzen Tag über viel zu tun. Und als Kommandant der Feuerwehr, Dirigent des Musikvereins und Leiter des Kirchenchors war er auch in den freien Stunden ausgelastet. Dazu kamen noch die sechs Kinder, deren Erziehung nicht immer leicht war. Vor allem Roberts Streiche waren nicht dazu angetan, die Nerven des Vaters zu beruhigen.

Robert war der jüngste unter den Buben und genoss deshalb noch viele Freiheiten. Seine Brüder hatten entweder bereits eine Lehre begonnen oder mussten anderweitig bei der täglichen Arbeit zupacken. Kleinere Botengänge wurden Robert aufgetragen. So musste er die Mitglieder des Kirchenchors zu den unregelmäßig stattfindenden Proben einladen. Als kleine Entschädigung durfte er dabei von jedem der Sängerinnen und Sänger fünf Pfennig kassieren. Beim Einfallsreichtum des Knaben verwunderte es nicht, wenn der Bengel ab und zu auch Proben ansagte, von denen sein Vater keine Ahnung hatte.

Selten gönnte sich der Vater ein Bier. Doch hie und da, wenn er mal Feierabend hatte, schickte er Robert los, einen Krug von dem nahrhaften Gerstensaft, den es damals noch offen zu kaufen gab, in die heimische Stube zu holen. Robert tat es gerne, denn einen Schluck davon gönnte er sich jedes Mal.

»Besser getrunken als ausgeleert!«, sagte er dann zufrieden. Und irgendwie hatte er auch Recht, der Krug war viel zu voll gewesen.

Einmal aber kam der Säger-Karle dazu. »Lass mich auch mal!«, meinte der.

Robert kam in Bedrängnis. Das war Vaters Bier, aber der Säger-Karle war sein bester Freund. Was sollte er tun?

»Los, sei kein Frosch!«, bettelte der schon wieder.

Robert gab sich einen Ruck. »Aber nur einen kleinen Schluck!«, sagte er und blickte seinen Freund flehend an.

Doch der Säger-Karle hatte ein Schluckorgan wie ein Brauereigaul. Und ehe Robert einschreiten konnte, war der Krug fast leer. Jetzt war guter Rat teuer. An einem Brunnen in der Nähe füllten sie Wasser dazu. Die Menge stimmte, aber nicht die Farbe.

»So helles Bier gibt es nicht«, stellte der Säger-Karle fachmännisch fest. »Das merkt dein Alter gleich!«

»Wenn's nur an der Farbe fehlt«, meinte Robert, »dem ist abzuhelfen.«

Seelenruhig leerte er ein wenig vom nachgefüllten Wasser aus, machte seinen Hosenladen auf und pinkelte in den Krug.

»Jetzt stimmt die Farbe!«, sagte der Säger-Karle, als er Roberts Werk begutachtet hatte.

Stolz machte sich der Knabe damit auf den Heimweg.

Diese ruchlose Tat hatte dem geplagten Vater den Rest gegeben. Jetzt konnte nur noch eine Wallfahrt ins Heilige Land helfen! Und er machte sich auf die Reise nach Jerusalem. Zwei Jahre blieb er fort. Eines Tages stand er plötzlich wieder vor der Tür.

»Jetz' bin i wieder do!«, sagte er nur, als ob er nur kurz einmal in der nächsten Ortschaft gewesen wäre.

Wie Robert auf den Weg der Besserung gebracht werden sollte

Als Vater Leopold als Wallfahrer ins Heilige Land gezogen war, sah Mutter Karoline nur eine Möglichkeit, ihrem Sohn Robert die Flausen aus dem Kopf zu treiben. Sie musste eine Arbeit für ihn finden, damit er auf andere Gedanken kam. Sie hatte Glück. Ein Kolonialwarenhändler in der Stadt war bereit, den Buben unter seine Fittiche zu nehmen.

Alles Neue war für Robert erst einmal interessant. In einem Kolonialwarengeschäft gab es damals so ziemlich alles zu kaufen, was zum Leben gebraucht wurde. Verpackungsflut war zu jener Zeit noch ein Fremdwort. Die meisten Waren gab es offen in Säcken, Fässern, Kannen, Gläsern oder Kisten und mussten gewogen und abgefüllt werden. Das sollte Roberts Tätigkeit werden. Also wog er, was zu wiegen war, füllte in Tüten, was abzufüllen war, fischte die gewünschte Anzahl Gurken aus dem Fass, und das den lieben langen Tag.

So war es nicht verwunderlich, dass diese simple Tätigkeit dem Knaben langsam, aber sicher zu eintönig wurde. Er musste deshalb unbedingt für Abwechslung sorgen, damit keine Langeweile einkehrte. Eine zündende Idee ließ nicht lange auf sich warten.

Robert hatte bald bemerkt, dass sich im Lagerraum zwischen den Kisten und Säcken ein paar Mäuse herumtrieben und sich an den Vorräten gütlich taten. Um den Schaden gering zu halten, war er öfter damit beschäftigt, Fallen aufzustellen. Aber wohin mit den gefangenen Nagetieren?

Der Einfallsreichtum des Knaben hatte durch die neue Arbeit nicht gelitten. So landete manche tote Maus in einer Tüte, die dann irgendeine nichts ahnende Kundin im Einkaufskorb nach Hause trug. Robert fand es schade, dass er die erschrockenen Gesichter nicht sehen und das entsetzte Geschrei nicht hören konnte. Aber in seiner Vorstellungskraft musste das jedes Mal ein gewaltiges Schauspiel sein!

Es blieb nicht aus, dass sich die Klagen im Geschäft häuften. Der Übeltäter war bald gefunden, da half auch das unschuldigste Gesicht nicht. Zu Roberts Verwunderung hielt sich das Donnerwetter in Grenzen. Der Kaufmann war ein geduldiger Mensch. Schließlich war er ja auch mal jung gewesen, so dachte er sich. Doch vorsichtshalber wurde der

Knabe mit einer anderen Aufgabe betraut. Er sollte sich jetzt mehr den kaufmännischen Geschäften widmen.

Robert stellte sich in seinem neuen Aufgabengebiet recht geschickt an, entwickelte überzeugende, den Gewinn steigernde Geschäftsideen und stieg deshalb immer mehr in der Gunst des Ladenbesitzers.

Einige Zeit später gab es ein Geschäftsjubiläum zu feiern. Bei den Herrschaften tagte eine feine Gesellschaft. Auch Robert war eingeladen und hatte dafür extra einen neuen Anzug erstanden. Er sah darin zwar ziemlich vornehm aus, doch der steife Kragen des Hemdes war alles andere als bequem. Trotzdem bemühte er sich, gesittet am Tisch zu sitzen und zu essen, wie es sich in dieser feinen Umgebung gehörte.

Alles wäre gut gegangen, wenn es da nicht zwei Speisen gegeben hätte, die Robert von daheim nicht kannte. Auf seinem Teller lagen lange, weiße Stangen, von denen er nicht wusste, wie er sie in den Mund befördern sollte. Er schaute sich um. Schließlich gelang es ihm. Robert war richtig froh. Aber pfui! Das Zeug schmeckte scheußlich, fand er. Er vermochte es nicht hinunterzuschlucken. Zum Glück bemerkte der Kaufmann Roberts Hamsterbacken und seinen hilfesuchenden Blick. Unter einem Vorwand schickte er ihn hinaus.

Am liebsten wäre Robert draußen geblieben, aber er wollte nicht unhöflich sein und nahm wieder an der Tafel Platz. Zum Nachtisch gab es Eis. Von dieser Leckerei hatte Robert schon gehört. Sie sollte auch gut schmecken. Also nahm er den größten Löffel, der neben dem Teller lag, und schob sich eine tüchtige Portion in den Mund.

Huch! War das kalt! Robert hätte die Süßspeise am liebsten zurück in den Teller gespuckt. Aber was würden die feinen Leute dazu sagen? Er rang nach Luft, und Tränen liefen ihm die Backen hinunter. Doch tapfer schluckte er das Teufelszeug hinab. In diesem Augenblick sehnte er sich nach Mutters Tisch zurück. Vom feinen Essen hatte er vorerst genug.

Wie Robert in die weite Welt auswanderte

Einige Zeit war ins Land gegangen und Robert inzwischen zum jungen Mann herangereift. Er war zwar noch nicht im heiratsfähigen Alter. So ein wichtiger Schritt musste ohnehin wohl überlegt sein. Aber ein Auge auf schöne Mädchen warf er schon da und dort. Sophie, die hübsche Tochter der Kaufmannsleute, hatte es ihm besonders angetan.

An einem Sonntagnachmittag lud er deshalb das Mädchen zu einer Spazierfahrt ein. Er hatte sich dazu das Geschäftsfahrrad ausgeliehen. In der Nähe gab es einen kleinen See. Dorthin wollte er mit Sophie radeln, mit ihr zusammen auf einer schattigen Bank sitzen und wenn irgendwie möglich vielleicht die Hand der Angebeteten halten.

Robert trat mit Leibeskräften in die Pedale, denn die Straße ging erst einen Berg hinauf. Oben zweigte dann ein Weg ab, der zum See führte. Bald lief das Fahrrad von alleine, denn der Pfad wurde immer abschüssiger. Das Gefährt holperte gewaltig. Ängstlich klammerte sich das Mädchen an ihm fest. Robert fühlte sich im siebten Himmel. Vor lauter Seligkeit merkte er nicht, dass der Freilauf heißlief. So kam, was kommen musste. Als der Verliebte kurz vor dem See abbremsen wollte, versagte die Rücktrittbremse ihren Dienst, und das Rad sauste wie ein Geschoss ins Wasser. Pudelnass entstiegen die beiden Rennfahrer den Fluten.

»Du Trottel! Du blöder Kerl!«, schrie die Schöne und stampfte wütend den Weg hoch, dem heimischen Elternhaus zu.

Robert trottete wie ein begossener Pudel hinterher. »So ein Mist!«, schimpfte er vor sich hin.

Der Tag war gelaufen. Nichts war's mit einem gemütlichen Beisammensein, vom Händchenhalten ganz zu schweigen! Die zarte Liebe hatte bereits den ersten Knick erhalten. Das endgültige Aus ließ nicht lange auf sich warten.

Wenig später hatte Sophie Geburtstag. In einem wunderschönen neuen Kleid saß sie am festlich geschmückten Tisch. Robert durfte neben ihr Platz nehmen. Eifrig versuchte er, dem Mädchen reichlich Komplimente zu machen, um das Herz der Schönen zurückzugewinnen. Mit der Zeit schienen die Schmeicheleien ihre Wirkung nicht zu verfehlen. Robert spielte bereits mit dem Gedanken, es mit einer neuen Einladung zu probieren, vorsichtshalber dann ohne Geschäftsfahrrad. Nach dem Dessert wollte er sein Glück versuchen.

Vanilleeis mit heißen Himbeeren hatte sich Sophie zum Nachtisch gewünscht. Das war Roberts Verhängnis. Sein Blick war von der Liebe getrübt, und so stieß er ungeschickt an Sophies Arm, als sie gerade den Löffel mit den heißen Beeren zum Mund führen wollte. Stattdessen landeten die roten Früchte mit der klebrigen Soße auf ihrem neuen Kleid und hinterließen einen hässlichen Fleck.

»Du bist der blödeste Trottel, der mir je begegnet ist!«, heulte Sophie los, und in Tränen aufgelöst rannte sie aus dem Zimmer, die Mutter atemlos hinterher.

»Mach dir nichts draus!«, meinte der Kaufmann. »So sind sie halt, die Frauen.«

Doch Roberts Stolz war gekränkt. Zweimal ließ er sich nicht ungestraft einen Trottel nennen, für ein Malheur, für das er nichts konnte. Und er beschloss, seinen Abschied zu nehmen und in die weite Welt auszuwandern.

Er kam zwar nur ein paar Berge und Täler weiter in eine andere Schwarzwaldstadt, aber zu Fuß waren das immerhin ein paar Tagesreisen. Und da es zudem vom Badischen ins Württembergische ging, war es schon eine neue Welt, in die er kam. Dort brachte es Robert als Kaufmann in einer weltbekannten Uhrenfabrik zu beachtlichem Ansehen.

Ob das Sophie je erfahren hat? Wer weiß.

Alte Dreschmaschine.

Nachwort

In meiner Schulzeit waren im Lesebuch zahlreiche Kalendergeschichten von Johann Peter Hebel (1760–1826) abgedruckt, darunter auch die mit dem Zundelfrieder, seinem Bruder Zundelheiner und ihrem gemeinsamen Freund, dem roten Dieter. Eine davon hatte den Titel »Wie der Zundelfrieder und sein Bruder dem roten Dieter abermals einen Streich spielten«.

Vielleicht gefielen mir diese Geschichten deshalb so besonders, weil ich bei ihnen immer an meinen Opa und seine Jugendstreiche denken musste. Dieser Umstand hat mich auch dazu inspiriert, die Überschriften zu Opas Lausbubenstreichen wie bei Johann Peter Hebel anfangen zu lassen: »Wie Robert ...«

Im Gegensatz zu den drei Burschen in Hebels Geschichten hat es aber Opa in seinem Leben trotz seiner Lausbubenstreiche weit gebracht. Daran hätte auch Oma denken sollen. Doch sie schüttelte immer den Kopf, wenn Opa uns mal wieder einen seiner Jugendstreiche erzählte. Sicher meinte sie, mit solchen Schandtaten könne man doch nur die Jugend verderben. Aber da hätte sie sich nicht zu sorgen brauchen. Aus uns ist auch was Rechtes geworden, trotz Opas Geschichten. Oder vielleicht gerade deswegen?

Bildnachweis:

Stadtarchiv Schiltach:
Seite 63.

Stadtarchiv Schramberg:
Seiten 53, 57, 61, 68, 74.

Stadtarchiv Titisee-Neustadt:
Seiten 82, 87, 93, 96, 104, 109.

Stadtgeschichtliches Institut Bühl:
Seiten 19, 27, 29, 31, 38, 44, 46, 49, 126.

Restliche Fotos: Privatarchiv G. Neidinger.